提升天津滨海新区国际化水平研究

RESEARCH ON PROMOTING THE INTERNATIONALIZATION LEVEL OF **TIANJIN BINHAI NEW AREA**

祝尔娟 等 著

社会科学文献出版社
SOCIAL SCIENCES ACADEMIC PRESS (CHINA)

专家顾问组

文　魁　首都经济贸易大学教授，博导

吴敬华　天津市委原副秘书长，研究员

郝寿义　天津市滨海新区人大常委会副主任，滨海综合发展研究院院长，教授

杨振江　天津市发改委副主任，滨海新区发改委主任，研究员

孙久文　中国人民大学经济学院城市与区域经济所所长，教授，博导

肖金成　国家发改委国土与地区经济研究所所长，研究员，博导

王天伟　天津市经济发展研究所所长，研究员

王立国　天津市社会科学院副院长，研究员

段　霞　首都经济贸易大学城市经济与公共管理学院院长，教授

课题组成员及任务分工（按章节顺序）

祝尔娟　首都经济贸易大学教授、博导

（项目负责人，撰写第一章、第三章、第五章、第七章，并统稿）

邬晓霞　首都经济贸易大学副教授、博士（撰写第二章）

陈　飞　首都经济贸易大学讲师、博士（撰写第四章）

叶堂林　首都经济贸易大学副教授、博士（撰写第六章）

吴庆玲　首都经济贸易大学副教授、在读博士生（撰写第八章）

牛立超　清华大学、民生银行博士后（撰写第九章）

张贵祥　首都经济贸易大学教授、博导（撰写第十章）

燕中洲　天津市经济研究所研究室主任（参与撰写第一章）

齐子翔　首都经济贸易大学博士生（参与第四章研究）

陈怡安　首都经济贸易大学博士生（参与第四章研究）

内容摘要

由首都经济贸易大学祝尔娟教授主持的“提升滨海新区国际化水平研究”课题，为天津市滨海新区发展与改革委员会委托课题，立项时间为2011年8月，2012年7月完成。于2012年7月在天津召开专家论证会，会后课题组按照专家意见，结合滨海新区发展实际，对最终成果进行了认真修改，重点对天津滨海新区国际化水平的判断依据、目标界定、发展思路和实现路径进行了充实和完善，现将最终成果提交天津滨海新区发改委领导及评审专家审阅和鉴定。

本课题组由首都经济贸易大学的教授、副教授、博士、博士生十人组成。在查阅大量文献资料和对天津滨海新区进行多次实地调研、专家咨询、小型座谈、课题组内部研讨的基础上，形成了最终成果——10万字的研究报告《提升天津滨海新区国际化水平研究》。本课题在研究过程中，得到了天津市发改委、天津滨海综合发展研究院和天津经济研究所的大力支持，为课题研究提供了社会调研、专家座谈和相关数据资料等便利条件，同时还得到京津两地专家顾问的具体指点和帮助，在此一并表示感谢。

本书基本框架结构分为三大部分，即规律探讨与战略意义、评价标准与实证分析、路径探讨与战略重点，共十章内容（见图1）。

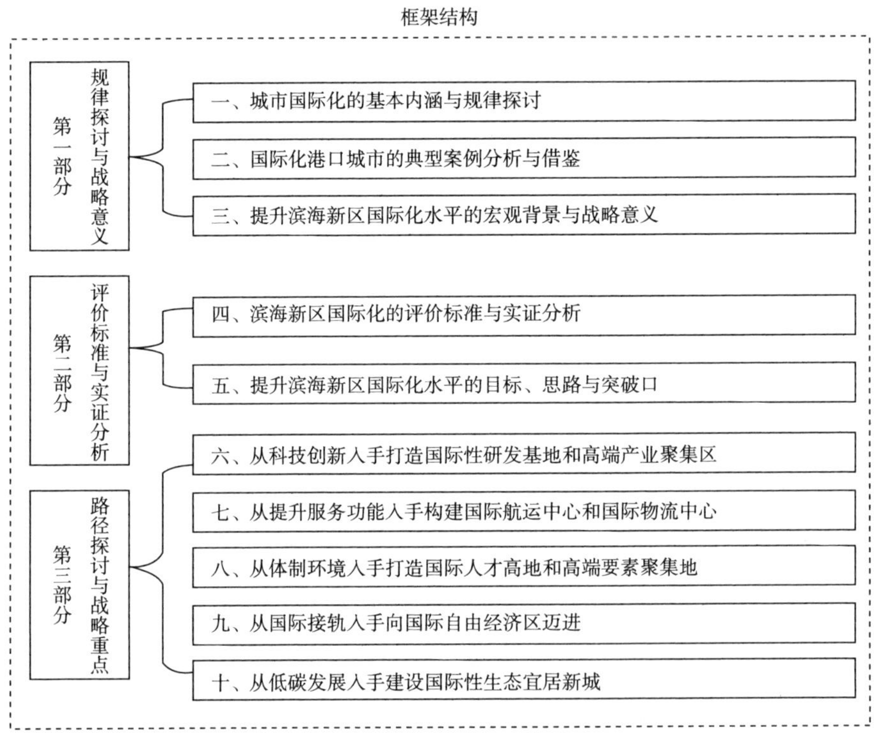

图1　本书的结构框架图

第一部分“规律探讨与战略意义”，重点研究了六个问题，观点如下。

第一，关于城市国际化的内涵，本书从四个方面进行了分析，提出城市国际化是一个系统概念，是一个发展过程，是城市的一种高级形态，其国际地位取决于城市对全球经济的吸引和辐射程度。首先，城市国际化是一个综合的系统概念，其内涵包括城市社会功能、文化功能、政治功能、经济功能等国际化。其次，城市国际化是一个发展过程，是城市积极参与国际分工与协作，城市生活日益融入国际经济、政治、文化，国际化水平不断提升、丰富和完善的历史进程，是城市功能在整体上或某个方面与世界联系日益紧密、从地区分工走向国际分工、加入国际经济循环的过程。再次，国际性城市是城市国际化的高级形式，具备一些特殊功能和发展条件。并不是所有对外开放的城市都是国际化城市，只有当一个城市的经济、社会、文化活动的发展不仅融入国际发展体系，更在其中承担重要角色，成为国际性的经济、社会、文化中心，才能称为国际城市。最后，国际城市的吸引力和辐射力，决定城市本身的国际地位。国际化新兴城市、国际化大都市、世界城市等都是城市国际化发展到一定阶段的产物。国际化新兴城市是城市国际化进程中后起的极具发展潜力和后发优势的新兴城市。

第二，本书对国际化城市的形成条件、支撑条件以及功能特征进行了系统分析。本书探讨了国际化城市形成的诸多条件，如城市内生发展水平是形成国际化城市的前提条件；一定的城市规模是保证其在全球范围内发挥重要影响的基本条件；改革创新是催生国际化城市形成和发展的先决条件和不竭动力；以港兴城、港兴城荣是国际化城市发展的共同之路和重要依托条件；市场经济规律起主导作用是国际化城市形成发展的基本运行条件。本书指出，城市现代化是城市国际化的重要支撑条件，如雄厚的经济实力、发达的科学技术、先进的教育水平、高效便捷的基础设施、安全文明多元包容的社会环境、低碳绿色宜居的生态环境和高水平的城市管理等，是建设国际化城市的重要支撑条件。本书还强调了国际化城市的功能特征，即具有巨大的国际高端资源交易量和流量，指出国际化城市不仅要看总量，更重要的是看流量。流量就是控制力，交易量就是影响力。国际化城市往往是国内市场集聚与世界大市场高度关联的产物，是世界市场链条体系的中心环节。国际化城市一般以跨国公司为纽带，通过控制决策和资本运营等关键环节，来协调和控制全球范围内的生产和市场。

第三，分析了近年来城市国际化的发展趋势，指出有四个新动向值得关注。例如，国际化城市带的出现，使国际化城市的类型、结构、功能向多元化和多层次化发展；现代科技进步使功能递增、地理递减，国际化交通枢纽进入多元化、分散化的时代；周边腹地日益成为世界中心城市的重要依托和支撑力量；注重人性化发展，文化凸显多元、开放和大众参与特点；等等。

第四，特别分析了进入后工业化社会的国际化城市与处于工业化后期的国际化城市的区别与联系，并对滨海新区进行了具体分析。本书把后工业化社会呈现出的新特征概括为“创新驱动、内涵发展；经济服务化、产业高端化；管理精细化、社会多元化；内外市场打通、多产业部门联动；重视生态优先、发展低碳产业”。对仍处于工业化后期的天津及滨海新区来说，要建设的国际化城市，既要符合自身发展阶段的实际要求，又要符合时代的发展趋势。例如，在加快经济转型，大投资、大项目驱动的同时，注重在从资源依赖、环境依赖向知识依赖、人才依赖、创新依赖的转化中汲取新的动力；在继续以重化工业和高新技术产业为主导和支柱的同时，大力发展金融、信息、创意、教育、旅游、文化等生产性服务业和现代服务产业；要注重经济、社会发展并重，加快推进生产型社会向消费型和可持续发展型社会过渡；发展多元化、开放性和大众参与型文化，营造有利于创新、宜居、宜业的社会氛围；等等。

第五，有针对性地考察与天津及滨海新区相类似的国际化城市，从国内外的典型案例中借鉴经验。例如，本书重点考察了韩国仁川、日本横滨与首都的分工合作；荷兰鹿特丹、阿姆斯特丹的港口型国际化城市建设；中国香港、新加坡的自由贸易港政策环境；浦东新区、深圳的管理体制机制创新；等等。本书从不同视角分析、比较、总结和提升出这些国际化城市的发展经验，为天津滨海新区提升国际化水平提供重要启示。

第六，全方位、多视角分析了滨海新区国际化水平提升的宏观背景和战略意义。本书基于城市国际化浪潮席卷全球的国际背景、我国进入建设国际化城市的全新探索阶段的国内背景、京津冀全力建设世界城市和更具全球影响力城市群的区域背景以及滨海新区自身的定位目标要求，指出建设国际化城市是滨海新区的必然选择。提升国际化水平，有利于滨海新区在全球范围内聚集整合资源，加速实现构建世界级现代制造研发转化基地的目标；有利于滨海新区增强城市功能的国际关联性，加速实现国际航运中心和国际物流中心的目标；有利于滨海新区的体制机制全方位与国际接轨，加速实现中国北方对外开放门户的目标；有利于提高天津及滨海新区在世界城市体系中的城市能级和地位等。

第二部分“评价标准与实证分析”，重点分析了五个问题，主要分析及结论如下。

第一，在系统梳理国内外影响较大的几种国际化评价模式基础上，构建了两种指标体系纵横结合的国际化水平衡量评价体系。本书系统阐述和分析了弗里德曼国际化城市指标；1996 年伊斯坦布尔世界城市年会城市国际化指标；GN 中国国际化城市评价指标体系；世界市场研究中心（World Market Research Center）全球化指数（简称 G - Index）；科尔尼公司与《外交政策》杂志的“全球化指数”以及国内代表性机构和学者的研究。在此基础上，依据系统性与代表性相结合、可比性与可靠性相统一、科学性与可操作性相融合、发展目标与测评指标相一致的原则，利用联合国伊斯坦布尔城市年会（1996）发布的城市国际化指标体系，构建了纵向测度城市国际化发展阶段的指标体系，主要用于测度和判断滨海新区国际化所处阶段；根据国内已有研究构建了横向比较城市国际化水平的指标评价体系，包括基础指标和核心指标两个一级指标，经济规模与经济结构、居民生活质量、城市基础设施、科技与教育、商品与服务贸易、投资与资本形成、技术与信息、人员流动与构成 8 个二级指标，以及 56 个三级指标，主要用于滨海新区与浦东新区和深圳特区国际化水平的横向比较。

第二，本书依据所构建的纵横结合的指标体系，对滨海新区的国际化阶段及水平进行实证分析。结论如下：①阶段判断——处于城市国际化中级阶段的初期。根据联合国伊斯坦布尔城市年会的标准以及天津滨海新区各分项指标的目前状况，最终得出目前天津滨海新区城市国际化综合水平已实现并超越城市国际化的初级标准，达到国际标准中级阶段的 69.8%，达到国际标准高级水平的 49.5%。这表明，天津滨海新区的城市国际化水平已基本跨越初级阶段，进入城市国际化的中级阶段，但离城市国际化的高级标准尚有一定差距。例如，第三产业增加值占 GDP 的比重、人均公共绿地面积、地铁运营里程、常住外籍人口占本地人口的比重、入境旅游人数占本地人口的比重等。

②水平衡量——总体低于浦东新区和深圳，局部优势明显。按照 2010 年的数据计算，滨海新区、浦东新区和深圳三地在经济规模与经济结构、居民生活水平与质量、城市基础设施状况、生产与投资国际化、人员国际化等方面的得分状况如表 4－9 至表 4－13 所示。就经济规模和经济结构来看，滨海新区在国民经济总体规模上已经与浦东新区、深圳差别不大，其地区生产总值已超过浦东新区，而人均地区生产总值方面甚至遥遥领先于浦东新区和深圳。然而，滨海新区经济结构中第三产业产值的比重仅为 31.6%，远远落后于浦东新区和深圳。居民生活水平与质量、城市基础设施状况、人员国际化等指标已接近深圳水平，与浦东新区还有一定差距，但生产与投资国际化具有明显的相对优势。

③对结论的再分析。衡量一个城市国际化水平的高低，主要看其主体功能，即现代工业、国际航运、国际物流等规模和水平在区域乃至世界上的地位和影响力。滨海新区国际化总体水平的差距主要体现在支撑国际化的基础实力方面，如总体经济实力还不够强，工业规模和水平距离世界级现代制造研发转化基地的目标还有较大差距，航运中心和物流中心对区域乃至全球经济的影响力还有待提

升，城市基础设施还有不足和瓶颈。滨海新区第三产业产值比重低于浦东新区和深圳，是由滨海新区的主体功能及区域分工决定的，在目前阶段是必然现象。滨海新区不是一个独立的综合型城市，而是天津市的一个区域和重要组成部分。在与中心城区的功能分工中，它担负着重点发展现代工业、国际航运、国际物流等重要使命。随着天津工业的战略东移，中心城区重点发展现代服务业、滨海新区重点发展现代工业的区域分工格局基本形成。滨海新区的资源禀赋以及区域功能定位决定了它必须而且能够把现代工业做大做强，现在仍处于现代工业聚集极化阶段，其第二产业比重大于第三产业比重是必然现象。

第三，对滨海新区国际化硬实力与软环境的进一步分析。本书研究认为，滨海新区的差距和问题，不仅体现在国际化水平上，还表现为支撑体系的制约、城市文化包容性不够及国际交往能力、体制软环境和文化软实力有待提升。滨海新区应充分借鉴国内外一些国际化城市的成功经验，更加注重城市经济、社会、政治、文化、对外交流等方面的相对均衡发展，探索出一条真正具有自身特色的城市国际化新路径。

第四，对滨海新区国际化水平的目标定位进行了深入探讨。本书认为，天津滨海新区既不同于北京、上海、广州等综合性超大城市，又不同于单一功能的功能区，在推进城市国际化进程中，尤其应处理好与天津、北京的关系，在区域乃至全国战略格局中找准自己的位置。本书研究认为，滨海新区国际化发展的目标定位应当是：①成为天津建设国际化港口城市的核心区、示范区和领航区，在推动天津从建成国际化港口城市向综合型国际化大都市、东北亚国际门户城市迈进，实现三个跨越过程中发挥主力军的重要作用；②成为北京建设世界城市的重要支撑和推动区域国际化的引擎带动区。在京津冀打造世界级城市群的过程中发挥引擎带动、服务辐射和对外门户等重要作用；③建成具有城市综合功能的国际化新兴城市。本书认为，滨海新区的近期目标是建成国际化港口新城区，远期目标是建成具有综合功能的国际化新兴城市。按照滨海新区“十二五”发展规划，到2015年常住人口要控制在400万人以内，这意味着滨海新区将发展成为一个具有综合功能的特大城市。其建设目标，绝不是某个“功能区”，而是一座集生产、生活于一体，经济、社会、生态协调发展的宜居宜业型的新兴城市，是一座经济运行具有高度国际关联性的国际化新兴城市。

第五，对提升滨海新区国际化水平的发展思路及突破口进行了深入探讨。本书提出四点思路。一是不求全，只求最优，在加强区域分工与合作中提升国际化水平。二是高起点、快起步、出特色，在落实国家定位中提升国际化水平。三是围绕核心定位来提升国际化水平。四是围绕增强国际化城市“五个力”来提升国际化水平。在突破口的选择方面，应当以建设“一个基地”、“两个中心”和“三个环境”（体制开放、文化包容和生态友好）为突破口和战略重点。应从实施这些战略重点入手，努力提升滨海新区的集聚力、支撑力、辐射力、承载力和软实力，逐步实现滨海新区建设国际化城市的定位目标。

第三部分“路径探讨与战略重点”，重点研究了五个问题。

第一，从科技创新入手建设国际性研发基地和高端产业聚集区。建设国际性研发基地是增强滨海新区的科技创新能力、产业国际竞争力的不竭动力。建设高端产业集聚区，有利于增强滨海新区的内生发展水平和城市国际化的经济支撑力。具体路径包括创新研发机制，建设研发创新平台；做强研发服务业，完善技术转移服务体系；充分整合利用全球创新资源，提升研发国际化水平；营造创新软环境，探索具有滨海新区特色的自主创新之路，以科技创新推动战略性新兴产业集聚，打造滨海新区高端产业聚集区等。

第二，从提升服务功能入手构建国际航运中心和国际物流中心。建设国际航运中心和国际物流中心是建设国际化港口城市的核心战略，因为它可凸显和提升天津及滨海新区在中国经济格局、东北亚地区的战略地位；形成相互促进、双轮驱动之势，共同打造我国北方大进大出的对外开放门户；通过航运产业、物流产业的大发展，可为滨海新区增强综合实力、建设世界级港口城市提供强大支撑和动力；将极大地促进现代服务业发展，增强滨海新区的区域服务功能，向更具国际影响力的国际化港口城市稳步迈进。具体路径如下。一是从体制创新与国际接轨入手，打造我国开放度最高的自由贸易港“旗舰”。二是从打牢基础和增强软实力入手，增强国际航运中心和国际物流中心的承载集聚力。尤其应注重发展国际班轮航线和周边腹地的集装箱航班，注重航运产业集群发展和新的航运产业开发，注重市场、法律、政策和文化等“软实力”建设。三是弥补短板，强化服务，提升国际航运中心和国际物流中心的服务辐射力，抓住世界服务业国际转移的契机，加快服务业国际化进程。注重发挥现代金融对航运中心和物流中心的推动作用；注重以信息化推动国际物流中心的发展。四是打合作牌，联合作战，共建北方国际航运中心和国际物流中心（海港与空港合作、津冀港口联盟、天津港与腹地合作等，借助区域整体力量来建设北方国际航运中心和国际物流中心，尤其要加强海港与空港合作），以“双枢纽”助推“两个中心”建设。

第三，从体制环境入手打造国际人才高地和高端要素聚集地。世界城市的一个重要特征是具有聚集配置全球资源并创造财富、影响全球经济的能力。吸引国际核心要素集聚，特别是国际人才集聚，有利于增强滨海新区的财富创造能力和为国际社会提供服务的能力。聚集国际高端要素需要营造适宜的制度政策文化环境，良好的法制环境及制度政策环境是国际化城市必须具备的条件；包容性的多元文化氛围是国际化城市具有魅力和吸引力的软实力体现；营造宜居宜业的生活工作环境是留住高端人才的重要条件。具体对策建议如下。一是完善相关法律制度和政策体系，为国际化高端要素的聚集提供制度保障。二是建设包容性的多元文化氛围，提升滨海新区的城市魅力和对国际化高端要素的吸引力。国际化城市往往是国际移民的集散地，具有人口的多样性和文化多元性特征。倡导和繁荣既富有地方特色，又具有开放性的多元文化，营造一个宽松的文化氛围，可增强地方的吸引力和国际影响力。三是努力打造适于创新创业的工作环境，为国际化高端人才聚集提供施展才能的舞台。四是建设文明和谐、环境优美的宜居环境，为吸引高端人才提供高品质的生活保障。

第四，从国际接轨入手向国际自由经济区迈进。自由经济区是自由贸易区的高级阶段，提升滨海新区的国际化水平，应从国际接轨入手，采取复合型自由经济区梯度开发模式，逐步实现从国际自由贸易区向国际自由经济区转变。具体构想是，借鉴国际管理模式分阶段建设国际自由经济区。在近期，各功能区可以根据其功能与作用实行自由程度有别的政策。天津东疆保税港区/贸易港区、保税园区可以逐步向自由贸易区转化，实行境内关外的自由贸易政策；其他功能区可以实行准境内关外的特殊优惠政策。在中期，滨海新区可以采用封闭型、综合复合型自由贸易区发展模式，即全区实行封闭管理，区内各功能区如自由贸易港、保税区（或自由贸易区）、出口加工区、经济技术开发区、中心商务区、自由金融区和自由旅游区等，实行自由贸易区政策。在远期，要将滨海新区由自由贸易区逐步扩展为国际自由经济区，向类似于香港和澳门的经济特别行政区转化。

第五，从低碳发展入手建设国际性生态宜居新城。从世界来看，低碳发展成为全球共识；从中国来看，低碳发展成为实际行动。借鉴北京经验，建立国内碳补偿市场机制，倡导市民义务植树购买碳汇；聚焦发展新能源产业，打造世界级新能源产业基地；大力发展低碳产业，完善低碳经济产业链；建设生态教育旅游与低碳科普基地，繁荣生态文化产业；构建碳金融体系，推进碳交易人民币计价的国际化进程；推进森林碳汇与绿化规划；推广低碳建筑，构建节能低碳型建筑体系；强化中水利用、海水淡化与生态补偿工作。对于低碳发展的重点领域，应重点打造世界生态宜居的领先之城——中新生态城；加快 APEC 首例低碳示范城镇建设，将于家堡打造成中国重要的碳交易中心。

目　录

第一部分　规律探讨与战略意义

第二部分 评价标准与实证分析

第三部分 路径探讨与战略重点

第一部分

规律探讨与战略意义

第一章　城市国际化的基本内涵与规律探讨

本章重点研究三个问题：一是准确把握国际化新城的基本内涵与发展类型，注意区分国际化大都市与国际化新城的联系与区别；二是把握城市国际化形成条件与发展规律，为探寻提升滨海新区国际化水平的有效路径提供启示；三是注意区分进入后工业化社会的国际化城市与处于工业化后期的国际化城市的区别与联系，为构建衡量和评价国际化水平的指标体系、提升滨海新区国际化水平提供理论支持。

第一节　城市国际化的内涵、类型与功能

一　城市国际化的概念

迄今为止，《辞海》、《现代汉语词典》、《大不列颠百科全书》等权威辞典都没有收录“国际化”词条。美国学者沃尔夫（Wolff）和弗里德曼（J. Friedmann）分别于 1982 年和 1986 年对世界城市作

了新的理论概括。弗里德曼提出的世界城市七项标准引起了很大反响。这七项标准是：①主要的金融中心；②跨国公司总部所在地；③国际性机构的集中地；④第三产业的高度增长；⑤主要的制造业中心（具有国际意义的加工工业等）；⑥世界交通的重要枢纽（尤指港口与国际航空港）；⑦城市人口达到一定标准。在国内，与“国际化城市”提法相近的有“国际大都市”、“国际化大都市”、“世界城市”、“国际大都会”、“国际性城市”、“全球城市”等。

所谓城市国际化，我们认为可以从以下几个方面去理解其含义。

首先，城市国际化是一个综合的系统概念。城市国际化是指城市经济、社会、文化的发展和国际经济、社会、文化发展的联系与融合，成为一体化国际发展体系的有机组成部分。城市国际化并不只是表现为一国的城市发展外向型经济，建立广泛的国际经济联系，参与国际经济循环方面，更是一个综合的系统概念，它的内涵包括城市社会功能、文化功能、政治功能、经济功能等的国际化。大部分学者认为，城市国际化是经济国际化的产物，就现代社会而言，经济国际化是城市国际化的核心内容。

其次，城市国际化是一个发展过程。城市国际化就是城市积极参与国际分工与协作，城市生活日益融入国际经济、政治、文化，国际化水平不断提升、丰富和完善的历史进程，是城市在功能整体上或某个方面与世界联系不断密切的过程，是城市经济发展从地区分工走向国际分工、加入国际经济循环的过程。实现城市的国际化，必须使城市的辐射力、吸引力影响波及的范围更宽更广，达到国际水平。

再次，国际性城市是城市国际化的高级形式。城市国际化应当成为城市的基本功能和发展目标，但并不是所有的城市都可以成为国际性城市。城市具有对外交往的功能并不等于国际城市。在市场经济和对外开放的条件下，我国的经济是世界经济的一个组成部分，每个城市的经济活动不仅立足于国内市场，而且也面向国际市场；世界也以我国为市场。从这个意义上看，我国每个城市或多或少都具有国际经济意义，或大或小都具有国际交往的职能，但不能认为这就是国际城市（严仲雄，1994）。作为国际性城市，除了具有城市的一般功能外，还需要具备一些特殊功能和发展条件（自律夫，1994）。在城市国际化的发展过程中，当一个城市的经济、社会、文化活动的发展不仅融入国际发展体系，更在其中承担重要角色，成为国际性的经济、社会、文化中心时，这样的城市才称为国际性城市。城市现代化是其国际化的基础，一个城市经济发展水平越高，经济的聚集和辐射能力越强，越有可能成为国际化中心城市。

最后，国际性城市的吸引和辐射程度，决定城市本身的国际地位。如果将世界城市体系看作一座金字塔，极少数具有全球协调和控制功能的综合性中心城市占据金字塔的顶端。这些居于金字塔顶端最高等级的城市就是世界城市，具有辐射世界、服务全球的共性特征。一般公认的世界城市只有纽约、伦敦、东京三个。次一级的通常称为国际化大都市，指的是那些跨国界区域性多功能的中心城市，或者在政治、经济、文化等某方面具有重要国际功能的城市。国际化新兴城市，是城市国际化进程中后起的，但极具发展潜力和后发优势的新兴城市。国际化新兴城市、国际化大都市、世界城市等都是城市国际化发展到一定水平的标志和一定阶段的产物（见图1－1①）。

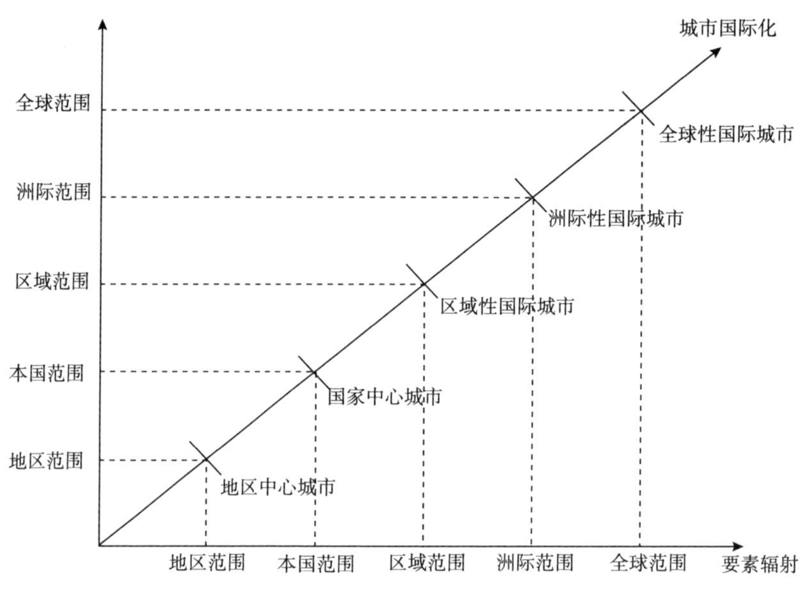

图1－1　城市国际化进程演变

二　城市国际化的发展类型

从城市的功能来区分，“国际化大都市”一般具有综合性、全方位的国际影响力和辐射力，而“国际化专业城市”只在某个方面、一定区域具有很强的国际影响力和辐射力。

综合型国际化大都市，因其城市综合要素与功能具有高度的国

① 段霞：《世界城市建设与发展方式转变》，中国经济出版社，2011，第4页。

际关联效应，往往被称为国际中心城市或世界城市，它们在政治、经济、金融、商贸、交通、旅游、科技、教育、文化、艺术等许多方面都具有强大的国际辐射力、影响力和控制力，它们不仅是国际政治资源配置中心、国际经济资源配置中心、国际商贸中心、国际交通中心，同时也是世界知识创新中心、科技创新中心、文化创新与交流中心、信息制造与传播中心。目前世界公认的具有全球意义的国际化大都市如纽约、东京、伦敦、巴黎等，被认为是处于全球城市体系金字塔顶端的世界城市。它们从18世纪以来，就是世界最主要的交通中心，拥有世界最大的海港、国际航空港以及铁路枢纽；是发达的制造业中心，有飞机、汽车、电子、机械、化学、医药、钢铁、金属加工、出版印刷、食品、服装、化妆品等先进的工业部门；是国际贸易和金融中心，华尔街、伦敦城集中了世界最大的银行、交易所以及大企业的管理核心机构，纽约、东京、伦敦的股市行情是国际经济变化的晴雨表；这些城市具有高度发达的第三产业和完善的服务功能，拥有百老汇等娱乐中心和著名的高等学府、图书馆、博览馆及著名的建筑物，更使其蜚声世界，并强烈地影响国际经济的发展变化。世界城市，是处于城市国际化进程最高层次，位于全球城市体系的金字塔顶端，能够在世界经济、政治、文化领域发挥全球性影响的国际化大都市。其特质是城市功能辐射世界，城市服务面向全球。

专业型国际化城市，一般只在政治、经济、金融、贸易、交通、旅游、科技、文化、宗教等某一方面能产生高度的国际关联效应。例如，鹿特丹有世界一流的深水良港，巴拿马有连接大西洋和太平洋的巴拿马运河，新加坡地处连接印度洋和太平洋的马六甲海峡之旁，它们在航运上具有高度的国际关联效应，因此，它们都是世界公认的港口型国际化城市；日内瓦和布鲁塞尔有众多国际政府组织和国际非政府组织，是举办国际会议最多的城市，对国际政治有巨大的国际关联效应，因此，它们是世界公认的政治型国际化城市；法兰克福和中国香港有众多国际金融机构和巨大的国际金融业务量，能对世界金融产生较大的国际关联效应，因此，它们是世界公认的金融型国际化城市；等等。这些城市以它特有的功能影响着世界经济、政治和文化的发展。

三　城市国际化的基本特征

无论是国际化大都市、世界城市还是国际化新城，它们都具有国际化城市的基本内涵，只不过国际化水平以及对全球经济的影响范围有所不同。

（一）金融国际化

国际性城市是国际金融资本流动的节点，对世界金融市场形成重要的影响和控制。金融业在其对外经济发展中起着举足轻重的作用。目前，全球性世界城市纽约、伦敦和东京的第三产业产值比重均已超过85%，金融保险业均超过15%，全球的资金在这里聚集。

（二）贸易国际化

对外贸易和资本国际往来在国际化城市 GDP 中占较大比重，并呈现出新的趋势特征，如中介贸易在贸易总量中具有举足轻重的地位；多边复式贸易日益扩大，比重增加；无形贸易（如信息、专利、技术、商标）不断开拓，比重日趋提高；具有国际影响的商交会、博览会、招商会、洽谈会定期召开等。

（三）生产国际化

发达国家的国际化城市，都曾经是世界发达的制造中心。在参与国际产业分工和合作的过程中，它们已由传统制造中心转向世界品牌和创意的“生产中心”。尽管传统制造业比重有所下降，它们却成为全球时尚商品和创意商品的重要生产地和集散地。这里的“生产”是指商品品牌的塑造及商品的设计，比如纽约拥有 Ellen Tracy、Bill Blass、Leslie Fay 等一些世界著名的服装品牌，这些品牌的加工制作地点也许不在纽约，但是它的款式设计等重要环节却是在纽约完成的，而设计等这些关键环节正是后工业社会经济增长的重要推动力。在产业转型之时抓住这些引领时代进步的新型产业，是纽约、伦敦和东京一直保持着全球性世界城市地位的关键所在。

（四）服务国际化

在全球分工中，国际性城市特别是世界城市，往往是国际金融机构、跨国公司总部和国际性组织聚集地；数以万计的跨国公司总部或庞大企业集团以及各分支机构云集于此，围绕这些企业及其活动，必然需要一整套服务和监管机构，如海关、商检、专利、税务、外汇、仓储、保险等，以及法律、公证、会计、审计、咨询、信息和行业协调等中介组织。因此，国际性城市的产业结构一般以金融、服务和高新技术产业为主体，第三产业的高度化使国际性城市的现代服务业非常发达，交通、运输、通信、网络咨询等设施齐全，各种服务行业都能提供高效、准确、便捷、舒适的服务。同时，国际性城市形成了与国际交往相匹配的行政构架及管理体制，为物资流、资金流、技术流、信息流的畅顺提供了保障。

（五）信息国际化

在以经济为核心的综合信息资源独立成网并与国际计算机网络并网运作的前提下，国际性城市大都实现了地域网和空间网相融合，有线网与无线网相互补，信息资源的存储、转换、加工、反馈的现代化和便捷化，从而使信息资源商品化，并作为生产要素融入世界经济大循环。

（六）科技国际化

国际性城市拥有先进的现代化科研机构、实验设施、试验场所以及将科研成果转化为生产的机制和途径；具有使科学技术有专利而无国界、知识产权得到法律保障和社会尊重的环境和氛围；集中了大批科技人才精英，保证科学技术的国际分工和合作开发，从而代表世界生产力发展方向和先进水平。

（七）文化国际化

国际性城市除了具有鲜明的本国、本民族特征外，还有适应多种需要的外国文化。由于国际性经济文化活动频繁，国际化城市往往是国际移民的集散地，具有人口的多样性和文化多元性特征。人口多样性是指出生地为外地、外国的人口占城市人口的比重较大。文化多元性是指工作语言的多语种化，对非本土文化的一视同仁以及不同背景的居民对市政的参与度。不同语言、文化、民族的集聚和融合，有利于形成一个宽松的文化氛围。文化的多样性往往是吸引和留住全球科研精英、国际高端人才的主要因素。

四　国际化城市的功能特征

国际化城市往往具有巨大的国际高端资源交易量和流量。国际高端资源是指国际高端的人流、物流、资金流、技术流和信息流。国际化城市不仅看总量，更重要的是看流量，流量就是控制力，交易量就是影响力。国际化都市往往是国内市场集聚与世界大市场高度关联，是世界市场链条体系的中心环节。它们接受国际市场供求关系的调节，根据国际市场的需求变化来安排生产、经营，从而成为连接国内外经济的桥梁和枢纽。同时，这些都市的经济体制和运作机制与国际经济接轨或具有兼容性，从而将国内和国际经济以这些都市为纽带有机地结合起来。国际性都市的经济高度发达，因而也成为国际投资和金融中心。著名的城市学家科恩认为，衡量国际性城市的关键是“跨国银行指数”和“跨国公司指数”，资本、生产和商品的国际化流动是最根本的因素。所以，一般来说，国际性都市都有国际金融机构和跨国公司总部或分支机构大量云集。

国际化城市以跨国公司为纽带，通过控制决策和资本运营等关键环节，来协调和控制全球范围内的生产和市场。跨国公司的兴起和交通通信技术的变革，出现了由跨国公司主导的以公司内部贸易和产品内贸易形式展开的新的国际劳动分工。跨国公司在全球范围内寻找适宜的生产区位，而将决策、资本运营等环节集中在母国少数城市，并以其为基点来协调和控制全球范围内的生产和市场，从而导致世界城市的出现。特别是在信息化时代，信息技术使得地理摩擦为零，世界范围内的经济社会由“地方空间”转变为“流动空间”。这样，地理区位及距离的重要性逐渐消失，如何在网络中占据有利的节点位置，提升联系的强度和广度，进而获取对网络的控制权，就成为世界城市取胜的关键。

第二节　城市国际化的规律探讨与趋势分析

一　国际化城市的形成条件

城市内生发展水平是形成国际性城市的前提条件。以少数世界城市为研究对象的理论，强调全球化对城市发展的影响，而把国家或城市内在的发展水平作为前提条件隐含其中。运用这种理论考察发展中国家的国际化城市建设，往往容易忽视城市内生的发展水平。事实上，从纽约、伦敦、东京和巴黎的发展历程看，它们均选择了工业化带动城市化的基本成长路径。率先实现现代化的国家具有长期累积的先发优势，在全球市场体系扩张中占据有利地位，其他国家则是被动卷入全球化进程。如果忽略了城市内生发展水平提升这一前提条件，单纯强调发展“外向经济”，单纯强调吸引外资和外企，容易导致发展中国家建设国际化城市的战略偏差。

一定的城市规模是保证国际化城市在全球范围内发挥重要影响的基本条件。城市规模通常用人口规模和用地规模来衡量。对于全球性或区域性综合功能的国际化城市，从供给来看，一定的城市规模能够保证高度专业化技能的劳动力数量和质量；从需求来看，一定的城市规模可以为处于产品生命周期初始阶段的创新产品提供具有消费能力的市场，但并不意味着城市规模无限制地扩张。如何既享有集聚经济带来的竞争优势，又缓解城市快速扩张产生的一系列问题，是已有的和正在形成的世界城市面临的共同课题。

以港兴城、港兴城荣是国际化城市发展的共同之路和重要依托条件。港口依托，舟楫之利。凡是作为世界经济中心的国家，都有着独特的地理位置，不是位于海上、陆上的交通枢纽，就是扼守国际贸易通道的咽喉。这一条件往往是不可再生的，是不能被他国复制的专利。纵观全球，当今世界上的国际化都市90%以上位于海岸线和大河河口的三角洲上。世界上的国际贸易海港现有2000余个

（不包括地方小港），其中，吞吐量不足百万吨的占3/4，吞吐量超过千万吨的有100多个，吞吐量为5000万吨以上的有20多个，吞吐量为一亿吨以上的只有9个。目前，世界上吞吐量在千万吨以上的大型港口有80%以上集中在发达国家，这些国家往往以港发迹，集聚经济实力，扩散经济能量，从而成为世界经济中心。这些拥有世界级大港口的国家，都以港口为依托，逐步走向世界经济中心的旋转舞台。

突破瓶颈的改革创新是催生国际化城市形成发展的先决条件和不竭动力。世界经济中心是创新因素与改革需求相碰撞所形成的创新机制在经济发展中的投影。创新因素，特别是密集创新剖面大部分都出现在经济发展的瓶颈领域，而瓶颈领域又往往是人类活动企望突破的新领域，它们承受着强烈的利润刺激和需求压力，这就使得新领域会集聚各类“精英”奋发创新。一旦瓶颈被突破，就会使该领域迅速发育、膨胀、沉淀并融合转化为再生机能，从而形成新的创新机制，一举成为经济发展的重心，而重心的集聚和发散功能的形成，标志着新的世界经济中心的发育形成。

市场经济规律起主导作用是国际化城市形成发展的基本运行条件。国际化城市首先诞生在市场开放程度高、市场经济规律主导作用强、市场经济成熟完善的国家或地区。这意味着在这些地区，政府行政权受到较大制约，管理分散化，资源能够自由流进流出，资源配置延伸至世界范围。

二 国际化城市的支撑条件

当今世界，国际化大都市都是以城市现代化为基础和前提的。城市现代化一般指一个城市具有雄厚的经济实力、发达的科技、先进的教育水平、高效便捷的基础设施、安全文明多元包容的社会环境、低碳绿色宜居的生态环境和高水平的城市管理。这些城市现代化的主要标志，互相联系，互为条件，综合作用，是城市国际性的前提和基础，是建设国际化城市的重要支撑。

在经济方面——具有雄厚的经济实力。GDP 总量位居前列；人均 GDP 程度高。后工业化经济结构明显，现代服务业发达；世界高端企业总部聚集，总部经济贡献率大。拥有相当大的经济总量，人均生产总值达到相当高的水平，城市经济超越国界，企业有较强的活力和竞争力，有一批具有国际影响力的企业家和企业集团，主导产业与城市服务方向相一致，第三产业发达。国际性城市应是跨国公司总部基地、国际金融中心、全球产业中心、全球信息中枢和交通运输枢纽。国际金融、文化创意等现代服务业，是促进世界城市实现产业结构不断升级的助力器和催化剂，是现在和未来较长一段时间范围内体现世界城市全球价值的有效工具和载体。

在科技方面——科技教育发达。要求城市经济与社会运转通过现代化的通信联络方式予以管理，各种产业与居民生活的自动化水平较高，新科技成果先行得到应用，科技进步在经济增长中占有很大比重，科学家及其研究成果得到社会的广泛尊重与承认，决策的科学化程度很高。必须在新科学、新技术、新产品、新工艺、新管理、新制度的创新方面，具有国际关联性，是新文化、新文明的培育基地。目前，世界著名国际化城市，不仅是国际科学技术创新中心，也是国际文化创新中心和国际信息交流中心，是科技城、教育城与文化城的统一。

在交通方面——国际交通便利。国际化都市具有完善的现代化城市基础设施，便捷和高效的交通、通信网络沟通着全世界各个大中城市，从而使陆、海、空多种形式的综合联运和高科技的信息技术网络的通达性遍及全世界。世界一流的城市全功能、全天候、高效优质的服务和地处世界信息网络的要冲节点优势，支撑起国际化都市的世界中心地位。

在社会方面——安全、文明、多元、包容。真正的宜居环境，会使一个城市更加繁荣、更加开放、更加多元、更加包容，具有更多的选择性。诚信环境、公众素质、文明程度、社会风尚等，是一个城市的品质。鲜明的城市文化是国际化城市率先形成初始竞争力的基础，反映时代需求的文化裂变是保障其竞争力持续提高的基石，也是国际化城市未来永续发展的主题。国际性城市要求居民普遍得到良好的教育，有礼貌、讲卫生。受过高等教育的人数在成年人总数中占有相当比例。要求多元文化与较高的市民文明素质，拥有充满都市活力、人文气息的公共空间。居民的收入差距较小，居民的社会保障程度较高。治安情况较好，犯罪率较低。要求政府拥有较高的办事效率，居民的意愿能通过正常渠道表达，监督机制比较完善。

在生态方面——低碳、绿色、宜居。要求生态环境良好，森林覆盖率较高，公园面积比例较高，“三废”得到了较好处理，居民的环境意识较强。空气清新，河流清澈，绿地充足，是人与生物共栖的绿色家园，是代表民族文化和都市文明的观光胜地。

三　城市国际化的趋势特征

在城市国际化发展进程中，近年来出现的一些新趋势、新动向很值得关注。

国际化城市带的出现，使国际化城市的类型、结构、功能向多元化、多层次化发展。戈德曼曾预言：“城市带将作为本世纪和下世纪初文明的主要标志而被人们所接受。”国际化城市带作为城市国际化的一个结果，使原来个别城市的点状辐射变成带状辐射、群状辐射，从而极大地增强了这些城市向国内和世界的辐射力、影响力。它使原来个别城市之间松散的、机械的联系变成紧密的、有机的联系，使原来彼此互相竞争、互相重复的关系变成彼此分工与合作的互利互补关系。它不仅扩大了城市的影响，改变了城市之间的关系，而且使城市带中的各个城市在性质、结构、功能上也发生了很大变化，促使国际性城市的类型、结构、功能向多元化、多层次化发展。

现代科技进步使功能递增、地理递减，国际化交通枢纽进入多元化、分散化的时代。纵观世界经济中心的转移进化史，其功能集聚也是从单一到多样，从简单到综合，从农业中心依次向贸易、航运中心，工业、金融和科技中心转移，然后再向集工业、农业、金融、贸易、科技、信息、政治、思想文化于一体的综合经济中心转移，如今又向多中心、多极化发展，向功能递增态势转移。与世界经济中心功能递增呈明显反差的是地理约束递减。查尔斯·P. 金德尔伯格说：“土地对于交通是变革函数。”随着科学技术的发展，现代交通工具的出现大大缩短了各地的相对距离。距离不是难以逾越的障碍，地理条件的优越成为相对的概念。这一变化带来两个结果。一是联系各大洲的交通枢纽被海洋国家所垄断的历史已成过去，内陆国家凭借着现代化的交通工具同样可以取得这样的位置。一个地区能否成为国际性交通枢纽，更多地取决于本国经济发展程度的高低。经济发展的同步性增强，将产生众多的国际交通枢纽。二是地理位置、地貌对经济发展的约束在递减，自然资源条件也同样呈递减态势。自然资源贫乏的国家可以成为发达国家，自然资源丰富的国家也可能是不发达国家。自然资源的丰富已不再与国家的繁荣富强呈正比。诚然，资源可以影响一个国家的经济，但不能决定它的未来与命运。日本的情况就是如此。由此可见，现代科技的进步使越来越多的国家具备了成为世界经济中心的“自然”基础，但地理环境对经济发展的约束是永恒的，其地理约束递减极限永远不会为零。

周边腹地日益成为世界中心城市的重要依托和支撑力量。当今世界已进入都市圈、城市群间竞争的时代，周边腹地在支撑世界城市运转和功能发挥方面的功能愈加不可替代。例如，世界城市服务全球的功能，主要集中在中央商务区，但所有确保其正常运转的基础设施、公共设施、物资保障、社会服务都离不开内外城、郊区和周边地区的支持；腹地为大都市圈提供土地、能源、水源等资源以及交通、信息等多方面的支持和保障；腹地为确保城市绿色运转的气候、生态、宜居环境提供不可替代的资源；世界城市的产业结构、资源禀赋、生态环境、交通运输、教育科研等只有放在包括周边在内的区域整体中，才能发现其优势所在和潜在利益。离开周边，世界城市孤掌难鸣。

注重人性化发展，文化凸显多元、开放和大众参与的特点。国际化城市的发展，需要汇聚大量国际人才，形成雄厚的智力资本，而注重人性化发展，营造宜居宜业的生活工作环境，是聚集大量国内外人才的重要前提。国际化城市的文化凸显多元、开放和大众参与的特点；要求城市人口密度适中，环境优质，生活舒适，布局合理，公交优先，活动方便，安全舒适；重视生态人居环境，充分利用阳光、空气、气候和地理条件，城市空间布局宜人化、生态化；交通、通信、水源、能源、污水处理、废气处理、垃圾处理等基础设施的服务水平高等。

第三节 工业时代与后工业化阶段的国际化城市

当今世界的国际化大都市（特别是世界城市），主要存在于已经进入后工业化社会的发达国家，这些国家的国际化城市呈现出某些新的特征。如果说，工业时代的国际化城市是世界制造业中心和有形产品集散地的话，那么后工业时代的国际化城市，则是以知识产出为标志的非物质产品生产中心，文化型、消费型、宜居型、生态型等非物质生产性特征十分明显。国际化城市能否适应发展阶段要求和时代大趋势，顺利实现从工业化社会到后工业化社会的跃升和转型，直接关系到这些国际化城市的兴衰和沉浮。在这一历史进程中，纽约、伦敦、巴黎等世界城市成功转型，保住了世界中心城市的地位；以东京、新加坡为代表的一些新兴工业城市，也在向后工业城市转型的过程中发展成为全球或区域性的国际性城市；类似底特律、伯明翰这样的一些城市，则从工业领导者的地位沦落到衰落的状态。

后工业社会是指在基本完成工业化和城市化进程后，社会进一步发展所呈现出与工业社会不同的诸多新特征的社会形态①，主要包括以下几项。

第一，创新驱动，内涵发展。经济发展的动力从资源依赖、环境依赖转化为知识依赖、人才依赖、创新依赖。在经济发展上，抛弃低水平粗放型的增长之路，以内涵集约型发展作为经济增长的主要方式。在产业结构的调整方面，以先进制造业为基础，以高新技术产业和高附加值产业为选择的目标，注重研发和品牌营销，将劳动密集型的加工制造外迁或外包，实现产业结构的高值化目标。

① 段霞：《世界城市建设与发展方式转变》，中国经济出版社，2011，第6～7页。

第二，经济服务化，产业高端化。经济结构中第三产业占主导地位，以高科技型、高附加值、高创意型经济组织为主，金融、信息、旅游、文化、教育等产业成为主要组成部分。在国际贸易中，服务贸易所占比重越来越大，城市对外投资和吸引的各种要素也主要流入服务型行业。

第三，管理精细化，社会多元化。企业管理从指挥命令型转向激发创新型；政府职能从指挥型转向公共服务型；城市管理精细化和网格化；社会由生产型向消费型和可持续发展过渡，休闲文化、娱乐文化广泛普及，高雅文化、专业文化创意能力提升；公民意识增强；中产阶层的社会地位上升，强调多元和谐与复杂性社会问题的解决，学习型、创新型社会建立。

第四，内外市场打通，多产业部门联动。国内和国际市场打通，国际意识和国际交流能力上升。城市对外经济发展已不是单纯依靠一两个相互独立的产业部门和政府机构就能支撑起来的，而是需要多个产业部门和政府机构的联动。

第五，重视生态优先，发展低碳产业。将生态环境置于最优先地位，采取切实有效的措施，治理江、河、湖、海和空气污染，在城市建设、历史传统、现代技术、资源消费、生态资源环境保护诸方面形成和谐关系，造就以低碳技术、绿色制造、循环经济为特征的相关产业。产业低碳化通过能源低碳化、生产低碳化、消费低碳化和排放低碳化来实现（见表1－1[①]）。

---

① 段霞：《世界城市建设与发展方式转变》，中国经济出版社，2011，第380页。

表 1－1　工业化社会与后工业化社会国际化城市的特征对比

工业化社会	后工业化社会
城市是工业资本的聚集地，大规模的对外联系主要体现在工业账本上	城市是金融资本、信息、技术、知识、人员等要素的聚集地，对外联系呈现多元化
在国际贸易中，有形商品的进出口贸易占主导地位	在国际贸易中，服务贸易所占比重越来越大，国际旅游业、国际会展业这些服务型行业成为城市对外经济发展中的重要产业部门
城市对外投资和吸引的外资主要流入工业制造业领域	城市对外投资和吸引的各种要素流入服务型行业
在对外经济联系以商品贸易为主导的情况下，商品的进出口多是企业自身的行为，各部分间的联系不密切	城市对外经济发展已经不是单纯依靠一两个相互独立的产业部门和政府机构就能支撑起来的了，需要多个产业部门和政府机构的联动

以上对国际化大都市（特别是世界城市）所呈现出的趋势特征分析，既有其进入后工业化社会所呈现出的与工业社会不同的诸多新特征和阶段要求，又有反映人类社会进入低碳化、信息化和生态化的新特征和时代要求。对于仍处于工业化中期阶段的中国以及处于工业化后期的天津及滨海新区来说，既要看到与这些国际化大都市所处的发展阶段不同，在推进城市国际化进程中不可完全照搬；又要看到它昭示出我们未来的发展方向和时代要求，我们需要顺应这种趋势和方向。

根据我们对天津及滨海新区工业化进程的分析和判断，目前天津及滨海新区仍处于工业化后期阶段[①]。在三次产业比重中，第二

① 祝尔娟：《天津“十二五”发展阶段及趋势特征分析》，《天津社会科学》2011 年第 1 期。

产业仍居于决定性地位，产业内部结构呈现出重工业化、深加工化、技术集约化和高端化等特征。预计“十二五”期间，天津工业仍将有较大发展，仍是推动天津经济发展的主要力量。在近期内，服务业比重虽然有可能上升，但“二三一”的产业结构还不会发生根本性转变。这主要是由几个因素推动的。一是工业在天津仍然具有较高的比较收益；二是天津特有的资源禀赋和产业基础优势，使其工业发展仍有很大的发展空间和潜力；三是天津工业的大发展，是国家发展的战略需要和区域定位要求。因此，天津要建设的国际化新城区，既要符合自身发展阶段的实际要求，也要关注和顺应时代的发展潮流。例如，要加快经济转型，在大投资、大项目驱动的同时，注重从资源依赖、环境依赖向知识依赖、人才依赖、创新依赖转化中汲取新的动力；在继续以重化工业和高新技术产业为主导和支柱的同时，大力发展金融、信息、创意、教育、旅游、文化等生产性服务和现代服务产业；注重经济社会发展并重，加快推进生产型社会向消费型和可持续发展型社会过渡；推进政府从指挥型向服务型转变；发展多元化、开放性和大众参与型文化，营造有利于创新、宜居、宜业的社会氛围。

第二章　国际化港口城市的典型案例分析与借鉴

本章有针对性地考察与天津相类似的国际化城市，如重点考察韩国仁川、日本横滨与首都的分工合作；荷兰鹿特丹、阿姆斯特丹的港口型国际化城市建设；中国香港、新加坡的自由贸易港政策环境；上海浦东新区、深圳的管理体制机制创新，从不同视角来分析、比较、总结和提升这些国际化城市的发展经验，为天津滨海新区提升国际化水平提供重要启示。

第一节　韩国仁川、日本横滨：重点借鉴与首都的分工合作

一　韩国仁川——首尔的“门户”，目标指向“东北亚经济中心”

仁川是韩国第三大广域市，是首都首尔的门户城市，也是韩国

第二大港口城市。2003年韩国政府根据东北亚中心国家战略，确定仁川的松岛地区、永宗地区、青箩地区为韩国的经济自由区，并把仁川发展为环黄渤海地区的经济中心、现代化港口城市和东北亚的经济中心。

仁川与首尔的分工合作。首尔和仁川是韩国首都圈的两大核心城市，两城相距28千米左右。以首尔、仁川为核心，包括京畿道在内的首都圈不仅是韩国产业的密集区，也是具有国际影响力的都市圈之一。两座城市在发展定位上有着明显的错位分工。首尔作为首都，是韩国的政治中心、文化中心和经济中心，其总人口已超过1300万人。仁川是韩国面积最大的广域市，是韩国的第三大城市。依托同首尔的经济分工和紧密的经济联系，已经发展成为一个综合性临海工业城市和港口城市，是首都经济圈中重要的生产基地。其中，最为突出的是由仁川国际机场和仁川港组合而成的物流体系。2010年仁川国际机场的货运吞吐量居世界第四位。仁川港与首尔距离最近，首尔集中了约1/3的韩国人口，因此，强大的客运资源使轮渡成为仁川港的一项重要业务。仁川的发展目标是东北亚物流中心、新技术产业基地、东北亚商务中心和海洋观光城市。

仁川经济自由区具有四大优势。一是地理位置优越，处于首尔和环黄渤海大城市带的交会点，与中国隔海相望，是韩国对外开放的重要窗口和通道。二是产业发达，仁川的主要制造业有石油化学、机械、钢铁、电机电子、汽车等。仁川将把产业结构从目前的以重化学工业为主转变成以服务、信息产业为中心，继续增加第三产业比重，并要把工业密集的地区逐渐转换成为高技术产业区。三是人力、信息资源丰富。仁川背后是具有2000万人口的首都经济圈，具有得天独厚的人才和信息优势。四是交通通信便捷，具有集国际化港口、机场等于一体的综合优势。

仁川经济自由区的发展定位：建成东北亚国际航运中心和国际物流中心、宜居的生态城市。实现上述定位和目标，经济自由区要实现五大功能。一是尖端产业基地和研发转化功能。壮大优势产业集群，实现产业结构优化升级。推进科技创新、成果转化和高新技术产业化，加强区域科技协作，形成环黄渤海地区产业的积聚地和辐射源。二是国际航运和国际物流功能。依托海港、空港，扩大国际航运、国际贸易和国际物流，形成韩国第二大国际贸易口岸和现代物流基础。三是滨海休闲旅游功能。发挥海、河、湖、湿地等自然资源聚集优势，完善滨海休闲旅游等设施，开发近代人文景观，形成滨海休闲旅游胜地。四是积极引进外国投资，形成更加完善、更具活力的经济管理体制和运行机制，并成为韩国重要的对外开放窗口和招商引资平台，为环黄渤海和东北亚地区提供服务。五是生态宜居功能。注重海洋环境保护和生态平衡，建设符合国际标准的居住设施，提高金融、商贸、会展、信息等服务水平，营造良好的人居环境。

二　日本横滨——国际贸易港，“日本海上玄关”

横滨是日本第二大城市，其工业生产规模仅次于东京，位居日本第二。横滨港位于东京湾西岸，北、西、南三面被丘陵环绕，东面有深水航道通太平洋，港湾深入内陆，水深港阔，是日本的天然良港。横滨港优越的港湾条件、广阔的腹地和现代化的管理使其发展成为世界上屈指可数的国际贸易港，并以“日本海上玄关”著称于世。

横滨的发展特色。第一，突出港口特色，发挥港口优势。采用电子信息技术，确保港口码头的高效经营管理。降低港口码头的经营成本，降低客户交付的港口码头费用，延长服务时间，简化和加速港口物流的通关手续。建造现代化深水集装箱港口码头，完善和提升港口水路功能和公路运输的一体化，拓展贸易渠道，建设国际物流中转港。第二，实施促进产业聚集的城市发展战略，发展横滨临海工业区。日本工业生产集中在太平洋沿岸地区。从本州岛的东京湾到九州岛的北部是日本最重要的工业地带，其中以首都经济圈（东京 - 横滨）、大阪经济圈（大阪 - 神户）、名古屋经济圈和九州北部经济圈为四个最重要的经济圈。横滨是首都经济圈中的重要组成部分。横滨工业结构以重化学工业为主，炼油、电器、食品、机械及金属制品等约占工业产值的86%。此外，横滨依靠沿海的优势大力发展临海工业，横滨临海工业区对横滨的经济发展一直起着重要作用。第三，整合城市资源，发展滨海旅游与休闲产业。横滨启动了“未来港口21计划”，即将大都市进行重新整建计划。建设横滨湾建筑群，吸引了大批造型独特的办公大楼、高层公寓和商店进驻，围绕海和绿地，创造了一个洋溢着历史风情并且能够亲近大海的开放性的城市人文环境和休闲空间，吸引了大量东京人到这里休闲度假。第四，聚集总部经济，疏解东京部分功能，促进区域均衡发展。众多公司本部及商业、文化设施在港湾未来21世纪地区集聚。日产汽车在2010年将总部由东京迁至横滨，成功地分担了集中于东京的首都圈商业及国际交流等功能，促进了首都圈的均衡发展。横滨市还最大限度地利用国际化港口城市优势，拓展国际会展功能和国际交流中心功能。

东京和横滨是典型的“双核城市”。两座城市在城市发展定位上有着明显的错位。东京是日本的首都，是现代化的国际大都市，城市功能非常发达，是国际公认的金融中心、商业中心、信息中心和国际文化交流中心，也是国际时装中心、会议中心、展览中心。而作为“双核城市”的横滨在城市发展中形成了自身的特色，港口优势突出，临海工业发达，是著名的滨海旅游与休闲城市。在首都经济圈中，横滨与东京共同成为“双核城市”，对区域的发展起到了龙头带动作用和辐射作用。

第二节　荷兰鹿特丹、阿姆斯特丹：重点借鉴港口城市的发展之路

一　鹿特丹——“欧洲门户”，典型的“港城一体化”城市

鹿特丹为荷兰最大的工业城市、第二大城市，位于莱茵河

与马斯河河口，西依北海，东溯莱茵河、多瑙河，可通至里海，是一个典型的港城一体化城市，有“欧洲门户”之称。鹿特丹港是1600～1620年荷兰建立的第一个港口。鹿特丹港兼有海港和河港的特点，是一个典型的综合性国际大港。二战后，随着欧洲经济复兴和共同市场的建立，鹿特丹港凭借优越的地理位置得到迅速发展，1961年港口货物吞吐量首次超过纽约港（1.8亿吨），成为世界第一大港，此后40多年来一直保持世界第一大港地位。直至2003年新加坡港货物吞吐量首次超过鹿特丹港，2004年上海港货物吞吐量又超过鹿特丹港，目前鹿特丹港货物吞吐量居世界第三位、欧洲第一位。2005年，鹿特丹港吞吐量达3.7亿吨，集装箱运输量达930万标准箱（陈勇，2007）。

鹿特丹港口物流发展的主要经验如下。第一，依托内河航运促进国际航运中心建设。荷兰鹿特丹港凭借莱茵河完善的交通运输网络，建立港口物流园区和国际航运中心，成为保持其在欧洲的主要港口地位、扩展城市经济实力和影响力的重要战略方针之一。第二，注重以法制规范港口与航道资源。欧洲交通委员会从全局对欧洲的内河航运发展进行规划，制定可以用来协调欧盟各成员国有关法规的欧盟地区统一的引水法、货物运输法和码头装卸法、港口进出口法、港口服务市场法等。第三，重视莱茵河内河航运信息化建设。荷兰受欧盟的委托，开发了三大信息系统：一是IVC90信息跟踪系统，掌握航行船舶的信息，特别是对危险品船或有污染的船舶实施全程监控追踪；二是VOIR信息编辑系统，为船舶航行提供安全、有力的航行信息，有效控制航运事故的发生，或快速解决航运事故；三是IRAS航运信息综合特种分析系统，对基础设施的大量原始数据进行分析，为政府及时做出船闸、码头或航道整治提供依据（卢长利、周溪召，2006）。第四，建立鹿特丹港与莱茵河内河航运多式联运体系。依托莱茵河沿岸完善的多式联运系统，兴建港口物流园区，带动了荷兰及欧洲整体经济的发展。目前正在规划建设规模更大的现代化园区 Msasvlakte 2，新园区将由园区本部、铁路服务中心、驳船服务中心、立体交通、三角洲集装箱堆场、专用码头、近海和铁路支线服务、备用发展区以及内地公路发运点9个不同功能部分组成，服务于整个欧盟国家。第五，大力发展临港工业。鹿特丹临港工业的发展很好地贯彻了“城以港兴、港为城用”的思想。鹿特丹充分运用了临港优势，大力发展临港工业，形成一条以炼油、石油化工、船舶修造、港口机械、食品等工业为主的临港工业带。第二次世界大战前，鹿特丹发展造船业和水工产品制造业，独树一帜，举世闻名。二战后，荷兰利用20世纪50年代的世界“廉价石油”时期和自身海运大国的比较优势，发展大规模石化工业，鹿特丹迅速崛起为世界三大炼油基地之一，吸引了壳牌、英国石油等世界著名石油公司的落户。食品加工是另一个非常重要的工业，拥有庞大的冷藏和冷冻设施，为荷兰的食品加工工业提供了专用的后勤服务。世界知名的食品公司，如联合利华与可口可乐的贸易、存储、加工以及运输等很多都集中在港区（薄坤等，2005）。

鹿特丹港口对区域经济的带动作用巨大，已成为鹿特丹发展现代服务业、提升城市综合功能的重要依托，甚至是荷兰的经济中枢。2000 年，鹿特丹港的直接和间接雇员达 30 多万人，港口及临港产业对鹿特丹市 GDP 的贡献率达到 34%，对社会就业贡献率达到 21%，到 2003 年，鹿特丹港口及相关辅助产业经济已经占到了整个国家 GDP 的 11%。鹿特丹港在其 2020 年远景规划——“创建高质量港口”（Havenplan 2020：Rotterdam Quality Port）中提出港口及其支持区域的功能与发展的六大目标：多功能港口、可持续港口、知识港口、快速安全港口、有魅力港口和干净港口，这些发展目标要在更大空间范围内布置相应的设施，要把城市港口转变为集港口活动、住房、就业、休闲娱乐和商务于一体的都市活力区域。

二　阿姆斯特丹——“北方威尼斯”，欧洲重要的国际港口城市

阿姆斯特丹市是荷兰的首都，被誉为“北方威尼斯”。位于首都附近的阿姆斯特丹港，是仅次于鹿特丹港的荷兰第二大港，也是欧洲重要的国际港口之一。阿姆斯特丹港由沿北海运河的艾莫伊登港、拜握维克港、塞斯泰得港和阿姆斯特丹港组成。船舶通过北海船闸进出北海运河和阿姆斯特丹港，不受潮汐变化影响，船舶进出十分快捷，大型船舶从船闸到码头为 7 ~ 10 海里，只有 2.5 小时。阿姆斯特丹港务局是市政府授权的港口管理机构，主要负责管理港区的开发建设。全局员工很少，不到 300 人，主要由商务部、人力

资源部和航海部构成。

阿姆斯特丹港地理位置十分优越，是欧洲重要的物流枢纽之一。该港濒临海洋，又是北海运河区的重要组成部分，拥有现代化的与内陆腹地连接的集疏运基础设施。港口货物由运河、铁路、公路和管道进行集疏运，可直达港口腹地。此外，还有距离很近的欧洲五大货运机场之一的史基浦机场。由此，阿姆斯特丹港成为欧洲重要的物流枢纽之一，受到许多外国公司的青睐。

阿姆斯特丹港是一个多功能的港口，有着现代化的码头设施和与各类货物相配套的存储设施，能装卸干湿散货、集装箱、冷藏冷冻货、滚装货和杂货等；有发达的工业港区，可将货物加工成半成品或成品后离港。它还是世界上最大的可可粉和马铃薯粉的接卸港，拥有通往欧洲、中东、非洲、南美洲、亚洲等地区近 30 条班轮航线，能提供优质运输服务。阿姆斯特丹的货物中转量 1999 年为 5570 万吨，比上年增长近 25%，主要货种为煤、矿石、谷物、原油、石油、钢铁、可可、木材等杂货。阿姆斯特丹港还是世界上最受欢迎的客运港之一，客运码头紧靠市区。

阿姆斯特丹港正致力于发展港口的水路、铁路、管道等多式联运，以释放公路运输的压力。阿姆斯特丹港还联合鹿特丹港务局一同加入了近洋运输信息服务系统，正以其经济的持续增长向世界展示它的美好明天。

第三节　香港、新加坡：重点借鉴自由贸易港的政策环境

一　香港——世界上最自由、开放、活跃的自由贸易港

（一）自由的贸易政策

香港始终坚持自由贸易政策，大力倡导国际贸易自由化，反对贸易保护主义。一般进口或出口香港的货物均无须缴纳任何关税，也不设任何增值税或一般服务费，但酒类、烟草、碳氢油类及甲醇四类商品，无论进口或在本地生产，均须缴付消费税。一般货物不受进口配额或其他进口证规定所限。但是，根据香港的进口规例及其他有关法例，属管制类的物品应课税并需获相关政府部门批准方可进口。对货物的进出口经营权不设限制，任何香港机构及个人均有办理进口和出口货物的权利，而该权利亦无须向香港特区政府申请或登记。内地企业在香港开设的公司亦享有上述同等权利。

（二）发达的银行金融业

香港实行自由汇兑制度，其货币市场是全球最开放的市场之一。香港在 1973 年和 1974 年先后取消了对外汇和黄金的管制，允许外汇自由汇兑，完全开放了外汇及黄金市场。至于汇率制度，1970 年香港实行港元同英镑和美元挂钩浮动，1972 年实行自由浮

动，1983年则实行与美元联系浮动。无论实行何种汇率制度，本地资金和外国资金均可自由进出，自由流动，这大大促进了金融业的发展，香港因此被誉为“亚洲的瑞士”。香港是世界上银行机构最密集的城市之一。在全球百强银行当中，有74家在香港设有业务。香港不设外汇管制，又位于有利时区，因此外汇市场发展成熟，交投活跃。香港的货币市场主要包括银行同业市场。货币市场以金融机构的批发活动最为活跃。香港的股票市场交易产品种类繁多，普通股票、期权、认股权证、单位信托基金和债券等一应俱全。

香港金融管理局监管香港的银行体系，使香港市民及国际金融界对香港银行体系保持信心。香港的接受存款机构分为三级，分别为持牌银行、有限制牌照银行及接受存款公司。此外，不少海外银行也在香港设立办事处。香港银行从事各类零售及批发银行业务，包括接受存款、贸易融资、企业融资、财务活动、贵金属买卖及证券交易等。只有持牌银行可办理往来账户及接受任何数额和期限的存款。有限制牌照银行主要从事商人银行及资本市场活动。接受存款公司多由持牌银行持有或与其他持牌银行联营，从事消费信贷等多样活动。企业向银行及其他金融机构申请融资十分普遍。银行为企业提供各类贷款融资，以迎合其不同的业务需要。香港对银行提供信贷融资并无订立任何准则，业界通常有自己的内部规则。假如申请贷款的企业是银行现有客户而双方又建立良好关系，银行向企业提供融资时可能会豁免一些内部规则。提供企业融资的银行，在评估所涉风险时，会要求企业呈交业务计划，说明该企业经营的市场环境，认定和评估风险。银行亦需要了解该企业的背景及其竞争对手、未来计划，以及企业预计可取得的盈利水平和所需时间。大部分银行都设有企业银行服务中心，为企业申请融资提供协助。

（三）良好的投资环境

香港特别行政区政府欢迎外来投资，对本地公司及外商一视同仁。实行少干预、无补贴政策，为所有有意在香港营商的公司提供公平的经营环境。香港对内地机构、组织或个人在本地投资并不设任何限制，同时香港特区政府也没有制定投资产业政策及相关目录，投资受香港特区政府监管的行业除外（金融、电信、公共运输、公用设施及部分大众媒体等在香港均属于受监管的行业）。香港也没有规定外商投资专项必须要有本地业者参与。内地企业在香港成立公司后，该香港公司可以根据香港的入境条例聘用内地专业人才来香港工作。香港并无特别针对外商的投资审批程式，但所有公司必须遵从《公司条例》的注册规定。

香港对大部分新投资项目不设任何管制，但在某些业务或行业，投资者必须申领牌照或许可证。政府推出的商业牌照咨询服务，提供有关在香港经营各类业务（例如工厂、餐厅等）所需牌照的详细资料。这项一站式服务有助于投资者节省时间和降低触犯政府规制的风险。

香港税制简单，采用地域来源原则征税。只有源自香港的收入才须按个别情况在香港纳税，居港人士源自海外的利润无须在香港纳税，而非居港人士取得的源自香港的利润则须纳税。香港税局对在内地生产、在香港进行销售的企业，给予50%免征所得税优惠。香港的税率较低，如企业的所得税率为17.5%。

香港开业自由，完全由市场来配置资源。在香港，除地铁、港口、机场、邮政等由当局直接经营外，其余都由私人自由经营。不论本地公司还是外国公司都按公司法注册登记，开业经营，自由竞争，优胜劣汰。在香港，所有商品价格的形成，资源的调集、配置都是通过市场这只“看不见的手”来调节的，极少用超经济的手段。通过世界市场，调节香港所需的各种资源，通过市场，将资源有效地配置到市场最需要的产品生产部门和生产效率最高的部门。

（四）香港建设自由贸易港的经验与启示

自由贸易港是人员、货物、资金自由进出的一个特定区域。香港能够成为世界上最自由、最开放、最活跃的自由贸易港，根本原因在于香港建立了完善的自由市场经济体制。经济运行主要靠市场自由调节，以市场作为社会资源的主要配置者，政府奉行所谓的“不干预主义”。其“自由手段”主要有以下几点可供借鉴。一是坚持自由企业制度和一系列自由经济政策，营造自由贸易、自由通航、自由投资、自由经营、自由外汇、自由进出、自由竞争的环境。这是市场机制得以顺畅运行的基础。二是重视经济立法，为市场正常运行提供法律保障。在香港的成文法中，《经济法》约占45%，它们构成了市场上完善的自由竞争的规则。这就为实现真正的自由、公平竞争，保证市场的有序运行提供了制度保障。三是提供市场正常运行所需要的“硬件”条件和“软件”条件。硬件条件包括兴建码头、机场、道路、通信设施等；软件条件包括普及教育、培训劳工、提供咨询服务等。四是采取适当干预政策。香港政府对土地实行完全控制，地下铁路等实行官办，并直接经营港口、机场、道路、九广铁路和邮政。对私人经营的公用事业公司，政府通过合同方式，在价格、服务质量上进行监督、干预；对农业、渔业、住宅建筑及一些半官方机构、服务机构实行无息、低息贷款或一般性扶助。香港经济腾飞的事实证明，由市场来配置资源的经济体制，适应了香港经济的发展规律，使一个自然资源极其贫乏的地区，变成了资金充裕、商品丰富、人才济济、信息灵通快捷的国际金融和工商业中心。

二　新加坡——有限的自由贸易港

殖民地时代的新加坡自由港，是英国按照它在海外殖民地所采用的自由港模式建立起来的。该模式将新加坡全境都列为自由港区，允许各国船只自由地进出港口，不论其是否在本地销售或直接消费；其进出口货物均一律免征关税。这种豁免所有进出口关税的自由港政策，通常称为完全的自由港。但是，在新加坡自治后，新加坡政府为了发展工业、实行工业化计划，从 1960 年起开始逐步调整自由港政策，对国内需要保护的工业，征收工业品进口关税，这就使以前所实施的完全自由港政策变为有限的自由港。新加坡的有限自由港，采取了以下做法。

（一）根据工业化发展需要逐步扩大征税范围

新加坡成立了关税委员会，根据工业化发展需要，研究制定征收进口税的商品种类，逐步实施关税保护，防止任意扩大征税范围。例如，1960 年除了对烟、酒和汽油征税外，只对肥皂盒清洁剂征税；1963 年，征税项目增加到 30 种，包括收音机和各种石油产品；1965 年扩大到 183 种，包括橡胶制品、建筑材料和家庭用具等；1969 年共有 398 种进口商品需征关税。此后，新加坡转向发展出口工业，1973 年起又逐步取消对一批商品征收进口关税，1980 年宣布解除对 232 种进口消费品征税，包括电冰箱、冷气机和部分电视机等。此外，新加坡实行进口许可证制度，以控制部分商品的进口。

（二）从保护工业和保持海港优势角度厘定关税税率

新加坡厘定关税税率，出发点不是单纯为了追求增加财政收入，而是着重考虑保护工业和保持海港的竞争优势。因此，除了对烟、酒、小汽车和高级化妆品课税较重外，对绝大多数应征的进口商品的课税都较轻。例如，在厘定平均名义税率和有效税率方面，新加坡分别定为 5% 和 18%，马来西亚是 38% 和 44%，菲律宾是 30% 和 60%。

（三）重视设置自由贸易区

新加坡于 1969 年正式开设自由贸易区。与一般国家不同的是，新加坡自由贸易区不是提供税务优惠吸引外资进行加工制造的生产基地，而是提供一个免税区，便于商家把应征关税的货物存放在区内，进行重新分类、包装、鉴别和展示货品，然后再出口。或者等待有利时机，把货物转入新加坡的关税区，经办理关税缴纳手续后再投入市场。由于自由贸易区是通过免征关税而提供转运和储藏的，因此实际上是灵活运用自由港政策的一种形式，有利于促进转口贸易。目前，新加坡共设置了六个自由贸易区：岌巴码头自由贸易区、东樵湖集装箱码头自由贸易区、巴斯班让码头自由贸易区、三巴旺码头自由贸易区、裕廊港自由贸易区、樟宜机场航空转口自由贸易区。

（四）注重对现代化港口码头的建设和管理

新加坡20世纪60年代初期就不断加速港口建设，1963年建立裕廊工业港，1972年建立东樵湖集装箱码头，1974年扩建巴斯班让码头区，1976年增辟三巴旺港的停泊处，1986年把岌巴港的部分货轮停泊码头改建成箱运货轮停泊港。新加坡港口的经营管理，由新加坡港务局全权负责，港务局作为一个法定机构，经营上实行独立核算，自负盈亏，管理上授权代表政府从事各种有关港口业务的管理、监督、调度和案划等工作，而且有关港口的收费等也都是由港务局厘定和分管办理的。

（五）以港口运输带动进出口贸易和临港产业发展

新加坡的港口业务有两项最为突出。一是石油和石油产品。20

世纪60年代中期以后，新加坡大力吸引跨国石油公司设立炼油厂，使其迅速发展为世界第三大炼油中心。但是新加坡并不是石油生产国，它所从事的是石油加工输出，这就使石油的进出口贸易成为新加坡最主要的外贸商品项目，而港埠运输业务量也以石油最为大宗。二是造船、修船业和海上钻油台业务，即海事工业的发展，既加速了新加坡制造业的多元化，也促进了港口的繁荣。由于建立了炼油业和海事工业，新加坡充分地为过往船只提供给养、维修、添油等多元化的港口服务，并成为东南亚地区最大的船舶修造和中转补给基地。

第四节　浦东新区、深圳：重点借鉴管理体制机制的创新

一　浦东新区——“小政府、大社会”的政府管理模式

浦东新区管理体制的变迁大致经历了五个阶段。第一阶段：宏观协调、分散管理（1990~1992年）；第二阶段：高度集权、统一管理（1993~2000年）；第三阶段：健全四套机构，行使政府职权（2000~2005年）；第四阶段：启动综合配套改革试点（2005~2009年）；第五阶段：南汇区并入新区后，新一轮政府管理体制改革启动（2009年至今）。南汇区的并入，使新区的面积和人口规模

都实现了翻番，面临着更大的机遇和挑战。实现过渡后，根据需要，增设了规划和土地管理局、金融服务局、商务委员会、经济和信息化委员会和民政局，使新区政府机构数目由之前的13个增加到19个；原社会发展局被拆分为卫生局和教育局；组建了人力资源和社会保障局，承担原劳动和社会保障局、人事局的职责；撤销经济委员会，将其中的农业委员会单列出来；等等。在纵向管理上，推行“区委、区政府－乡镇（街道）”的二级扁平化管理模式。

浦东新区政府管理体制改革的主要做法和特征如下。第一，以转变政府职能为主线，理顺政府与企业的关系。浦东新区在推进政府管理体制改革中，十分注重转变政府职能，实施“小政府”机构设置，政府一律不设直接管理企业的行业主管部门，从根本上解除了政府与企业的行政隶属关系，促使企业按照市场规则更好地发展。近年来，浦东新区又以行政审批制度改革为突破口，精简审批权限，使企业真正成为市场运作的主体。与此同时，强化政府社会管理和公共服务职能，并将许多事务性、技术性和辅助性工作交由社会中介机构去做，大力发展中介服务业，把一些不适宜由政府部门管的事，通过政府购买，由其他社会部门的服务来实现。第二，以职能整合为突破口，按职能模块设置大系统综合管理机构。浦东新区打破传统的按行业、“条条”对应设置机构的模式，而是借鉴世界先进管理理念，按职能模块设置大系统综合管理机构。目前，浦东新区政府管理职能主要按区域经济管理、市政管理、社会管理和社会保障等职能模块综合设置，实现职能全覆盖，各有归属。第三，高效的管理体制，公司运作的建设方式。浦东新区是行政区域与功能区开发统一体。浦东新区在开发建设阶段，采取了统一规划、统一管理的原则。各功能区开发以开发公司的形式来运作，各开发公司由浦东新区管委会控股公司控股运作。其主要资产是国有土地资源，实行“空转起步、滚动开发、统一规划、分步实施”的运作方式，使作为国有资产的土地资源与金融资本得到快速有效的结合，对各功能区的开发建设起到了重要的推动作用。

浦东新区政府管理体制改革的主要经验。第一，“小政府、大社会”的政府管理模式。浦东新区“小政府”行政管理体制，在形式上表现为机构整合和人员的相对精简，机构设置以经济管理职能为主。这种管理模式除了政企、政事和政社分离，高度精简统一的特征外，还在权力设置上不同于原有行政区划的属地化管理模式。新区工委和新区管委会均为副省级，享有计划单列市的权限，这就保证了新区管理的有效性和统一化运作方案的落实，杜绝了相互扯皮的现象，极大地提高了办事效率。而“大社会”充分体现了政府职能边界的划分，让政府管理归位于政策制定和公共产品的提供与服务，让市场配置资源，从而减少政府对经济的直接干预。第二，行政审批制度综合化改革，从三个方面得以深化。一是率先与世贸组织的规定接轨，使浦东新区政府从“审批式管理”走向“服务式管理”。如对知识产权的保护，清理不适应体制创新和经济发展要求的项目，大幅减少或改进审批事项，规范审批程序，降低了事前审批门槛，使政府职能部门的注意力转向了事后监管。二是探索建立体制外的投诉制、体制内的监察制、自上而下的问责制和社会化的评估制四项制度，加强政府运作的公开性和透明度，提高政府行政效能。三是培育和发展市场中介服务体系和行业协会。第三，强化政府服务职能的综合化。浦东新区将陆家嘴、张江、外高桥等功能区的管理与开发交给了开发公司，使开发公司成为功能区管理的主体，实现了小区管理的社会化，使行政管理程序更为精简和高效。对外资的引进和项目投资，如按照传统的体制管理，将涉及多个部门，需要多个审批程序，如今浦东新区将这些部门整合到“招商中心”，实行“一门式”服务，综合化服务职能得以体现，大大提高了政府服务的效率。而在货物进出口上，浦东新区实施了“大通关”的办事程序，不仅节省了企业行政成本的支出，更重要的是为企业赢得了发展的先机，提高了区域整体的竞争力。第四，管理理念的突破和创新。将“管制型”理念转换为“服务型”理念。政府“放权”和“授权”，将人民赋予的权力放给社会，让社会实现自我管理、有序管理，提高管理的效率。政府一方面“放权”，另一方面要强化服务，即将社会作为政府服务的对象，而不是管制的对象。浦东新区在这方面率先进行了尝试，如建立新型的政府与社会的关系，实行社区化的自主管理模式，吸引社会组织参与城市管理，促进建立企业社会责任体系，大力推动政社互动。

二　深圳特区——我国改革创新的试验区

深圳经济特区的行政管理体制改革是在特定的历史条件和特殊的社会经济环境下进行的，体现了深圳特区自己的改革特色，具有一定的超前性和试验性。其改革有以下几个显著特点。

（一）从国家战略和深圳实际出发，敢闯敢试，大胆突破

特区的特殊地位和作用，决定了特区改革既要有别于内地，又不能照搬香港和西方，需要特区大胆探索，建立新型的政府机构体系和行政管理体制，走出一条适合特区社会经济发展的新路子。例如，特区创办初期，借鉴香港经验，在人们还不能接受社会主义国家土地也有价格和地租的情况下，大胆提出土地使用费的概念，向外商收取土地使用费。1987 年又借鉴国际惯例，以公开拍卖、招标和协议出让等方式，进行了国有土地有偿使用和有偿转让的改革实验，由此揭开了我国城市土地使用制度改革的序幕。另外，深圳在全国率先将行政性公司改为经济实体，最早撤销专业性的行政主管局，率先设立“国有资产投资管理公司”，较大规模地精简政府机构和人员等，在全国起到了良好的示范作用。

（二）紧紧抓住转变政府职能和政企分开这个关键，对政府机构进行调整和改革

深圳特区建立以来，特别注意吸取以往机构改革的经验和教训，始终抓住转变政府职能这个关键，按照“强化宏观调控、弱化微观管理、推进政企分开、实行简政放权”的原则，设置政府机构，明确职能分工，严控人员编制，既精简了机构，又提高了效率。

（三）强化政府的综合管理和行业管理职能，建立大行业、大系统管理模式

根据特区经济以外向型经济为主、经济活动以市场调节为主的

特点，深圳市立足于“小政府、大社会”的改革目标和“精简、统一、效能”的原则，推进部门管理向大行业、大系统管理方向发展。例如，深圳市在经济管理领域设立了四大管理系统，即大工业系统、大农业系统、大商贸系统、大招商系统及大国有资产管理系统；在城市管理领域设立了三大管理系统，即大运输系统、大城建系统和大城管系统；在社会文化领域设立了三大管理系统，即大文化系统、大教育系统、大社会保险系统；等等。

（四）大胆借鉴发达经济体尤其是香港的先进经验，坚持市场取向的改革，与国际市场及其惯例接轨

深圳毗邻市场经济高度发达的香港，从建立经济特区开始，就注意研究发达经济体特别是香港的经验，通过大胆吸收和借鉴，解决了改革中碰到的许多问题，如采用土地使用权拍卖、建筑工程招投标等做法，实行企业无行政主管部门改革，引进国际上通行的会计制度、资产评估制度、工程监理制度等，使深圳的经济运行逐步与国际市场接轨。

第三章　提升滨海新区国际化水平的宏观背景与战略意义

第一节　全球视角：城市国际化浪潮席卷全球

在经济全球化和新技术革命的驱动下，城市国际化已成为世界发展的一大趋势。自20世纪80年代以来，经济全球化和区域一体化成为当今国际政治、经济、文化生活中的主流，城市国际化的浪潮开始席卷整个世界。任何国家（或城市）要想发展经济，都不可能置身于这股潮流之外，尤其在近30年的时间里，全球范围内国际经济、政治、文化的交流，借助日益发达的电子电信技术以及交通工具，更是被提升到了一个空前的高度。城市国际化并非今天才有，国际分工的形成和发展，为城市走向国际化开辟了道路。第一次科技革命使得伦敦成为人类历史上第一座走向国际化的城市；第二次科技革命造就了巴黎、布鲁塞尔等一批城市的国际化发展；第三次科技革命造就了纽约、洛杉矶等一批城市的国际化发展。第二次世界大战以后，在以信息技术为代表的新技术革命推动下，东亚地区经济高速增长，世界经济重心开始向亚太地区转移，东亚城市的地位不断上升，东京、香港、新加坡、首尔等相继进入国际化城市行列。国际化大都市所具有的高度现代化基础设施与国际服务活动功能，使其成为世界主要跨国公司总部与金融机构高度集中的聚集地，对世界经济发挥的影响力、控制力以及枢纽作用日益凸显。

第二节 国家视角：我国已进入建设国际化城市的全新探索阶段

随着世界增长重心向亚太转移和中国经济的迅速崛起，我国已进入建设国际化城市的全新探索阶段。不失时机地建设国际性城市，是我国把握世界经济增长重心转移、争得发展主动权的关键所在。面对激烈的国际竞争，国家的工业化和现代化，要求城市的发展服务于国家的战略目标。国际性城市是代表国家参与世界经济竞争与合作的重要力量。中国需要建设一批国际化大都市（或国际性城市），在融入世界经济体系、与国际经济接轨过程中，不仅促进城市自身现代化的全面发展，带动全国的经济腾飞，而且要在世界城市体系中，尤其是在亚太地区，成为具有核心要素控制力、经济竞争力、文化影响力、国际话语权和国际事务协调力的核心城市。尤其是在进入后金融危机时代，世界经济政治多极化的格局以及世界城市重新洗牌，更为我国建设国际性城市提供了历史契机。我国一批重要的中心城市和沿海开放城市先后提出了创建现代化国际大都市或国际性城市的规划目标，表达了全方位开放、积极参与国际分工的强烈意愿，标志着我国城市发展已开始进入一个全新的国际性城市探索阶段。

第三节　区域视角：京津冀全力建设世界城市和更具全球影响力的城市群

“中国崛起”需要世界级城市群的支撑。“十二五”时期是我国打造更具国际竞争力城市群的重要时期。在中国的经济版图中，京津冀地区具有极其重要的战略地位，是我国最重要的政治、经济、文化与科技中心，是国家自主创新战略的重要承载地，肩负着我国参与全球竞争和率先实现现代化的重任。北京明确提出以建设世界城市为目标，全力推动人文北京、科技北京、绿色北京三大战略，努力打造国际活动聚集之都、世界高端企业总部聚集之都、世界高端人才聚集之都、先进文化之都与和谐宜居之都，正在向世界城市迈进。

国家“十二五”规划纲要明确提出要打造首都经济圈、加快天津滨海新区开发开放、建设河北沿海经济发展带、推进京津冀区域经济一体化，河北提出要建设环首都绿色经济圈等。这些战略举措的集中推出，标志着京津冀地区已进入建设世界城市、打造更具国际竞争力的城市群、推进区域一体化的全新阶段，正在朝着建设世界级研发和创新引领区、世界级高端服务和高端制造集聚区、中国经济增长重心区、中国北方门户和改革开放先导区的目标大步迈进。而京津冀区域发展的内在要求和战略目标的实现，迫切需要区域引擎的引领和带动。

第四节　新区视角：提升国际化水平有利于国家战略和新区目标的实现

滨海新区是天津市的重要组成部分，是天津建设国际化港口城市的核心区域，也是国家级的区域增长极，在推进京津冀区域发展和国际化进程中具有举足轻重的地位和带动作用。我们选取了几个能衡量城市国际化的核心指标，将滨海新区目前的国际化水平与京津冀区域内的北京市与天津市进行比较（见表3－1和图3－1）。

表3－1　滨海新区与北京、天津国际化水平核心指标比较（2010年）

核心指标	滨海新区	北　京	天　津
外贸进出口总额（C25）（万美元）	5867100	30166129	8220078
本地产品出口额占本地GDP的比重（C26）（%）	31.3	26.59	27.5
港口货物吞吐量（C29）（万吨）	41325	90.32	41325
实际利用外资总额（C30）（万美元）	713100	636358	1105855
实际利用外资额占当地利用内外资总额的比重（C31）（%）	57.82	7.27	31.42
世界500强企业入驻数（C32）（个）	109	160	143
实际直接利用外资金额占全国实际直接利用外资总额的比重（C33）（%）	6.55	5.85	10.3
每万人拥有电话数（C36）（部）	19099	15313.58	11210
常住外籍人口占当地人口的比重（C37）（%）	3.98	0.85	0.24

资料来源：北京、天津、河北省统计年鉴（2010）。

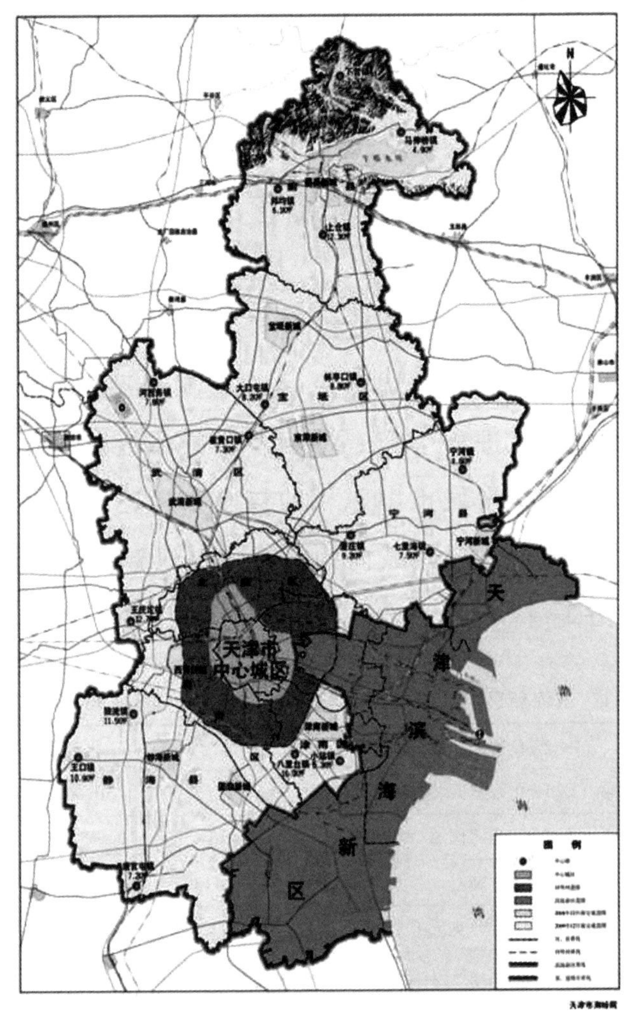

图 3－1　天津滨海新区在天津市的位置图

表 3－1 显示，2010 年，滨海新区外贸进出口总额达到了 5867100 万美元，占整个天津市的 71.4%；特别是本地产品出口额占本地 GDP 的比重达到 31.3%，超过了北京和天津的整体水平；滨海新区实际利用外资总额达到 71.31 亿美元，超过了

北京，占天津全市的64.5%；实际利用外资额占当地利用内外资总额的比重达57.82%，远高于北京市和天津市的水平；世界500强企业入驻数为109家，虽低于北京（160家），但却占到天津全市（143家）的76%；常住外籍人口占当地人口的比重，也远高于北京和天津的水平；港口货物吞吐量，更是天津最大的优势。可以说，天津滨海新区作为天津对外开放的核心区域、京津冀中国北方对外开放的门户地区，在推进北京建设世界城市、天津建设国际化港口城市、京津冀建设更具国际竞争力的城市群进程中，地位举足轻重。

根据国家对滨海新区功能定位的要求以及滨海新区“十二五”发展规划，到2015年，滨海新区作为我国北方对外开放的门户功能要显著增强，成为中国改革开放先行区；现代制造业和研发转化基地基本形成，成为高端产业聚集区与科技创新领航区；北方国际航运中心和国际物流中心地位基本确立，成为国际化港口城市的标志区；宜居生态型新城区框架基本建立，成为生态文明示范区与和谐社会首善区。可以说，作为区域引擎的天津滨海新区率先实现上述目标，真正发挥对区域的引领、带动、辐射、服务和示范作用，对京津冀建成更具国际竞争力的城市群有重大意义。

基于上述国际背景、国家战略和区域发展的内在要求，提升国际化水平、建设国际化新城是滨海新区实现其战略目标的必然选择。

一　提升国际化水平，有利于滨海新区在全球范围内聚集整合资源，加速实现建设世界级现代制造研发转化基地的目标

全球化背景下没有城市会是一座孤岛。走国际化路线符合滨海新区发展的现实需求。作为拉动整个北方经济乃至全国经济增长的“第三极”，滨海新区必须拥有足以引领和带动区域发展的综合实力，因此需要在扩大开放中汲取强大动力和巨大能量，在世界范围内聚集国际资本、一流先进技术和高端国际化人才，在分享全球经济、社会和科技发展最新成果中不断累积地方竞争优势。提升国际化水平，有利于滨海新区在更高的发展平台上参与全球竞争，形成具有国际竞争力的现代高端产业体系；成为新科学、新技术、新产品、新工艺的创新策源地；建立起世界一流的现代制造研发转化基地，为更好地发挥区域增长极作用提供强大的支撑和动力。

二　提升国际化水平，有利于滨海新区增强城市功能的国际关联性，加速实现建设国际航运中心和国际物流中心的目标

建设国际性城市，意味着城市的资源配置功能和辐射半径必须超出国界，其影响力和控制力具有明显的国际关联性。建设国际性城市的过程，就是在对国际经济资源、科技资源、人力资源、信息资源的配置过程中，逐步确立其主导地位、提升其控制力的过程。滨海新区地处环渤海中心位置，是东北亚地区通往欧亚大陆桥距离

最近的起点，也是华北、西北以及中亚地区最重要、最便捷的海上通道，这种得天独厚的区位优势以及现代化的空港、海港、信息港、金融港等基础条件，使其成为环渤海经济圈中建设国际性城市最具发展优势和潜力的重要区域。提升国际化水平，有利于滨海新区掌握世界最先进的科学技术和引进高端专业人才，在以物联网、云计算、无线上网、高速铁路、智慧城市等为标志的新一轮科技革命中，抢占信息化和智能化制高点，通过物联网、电子口岸等现代化手段，完善城市的服务辐射功能，加速实现建设国际航运中心和国际物流中心的目标。

三 提升国际化水平，有利于滨海新区的体制机制全方位与国际接轨，加速实现建设中国北方对外开放门户的目标

城市国际化绝不是单纯的经济国际化，而是包含了城市职能国际化、城市运行机制及运行方式国际化、城市运行环境国际化等基本内容。国际化城市在经济、金融、商贸、科技、文化、信息等方面频繁的国际交流，客观要求涉及经济、商事和民事的管理法规和管理手段必须与国际接轨，文化具有多元化和包容性特征，有比较多的国际化人口等。其中，外国移民人口比重以及来城市经商、科研、教学、旅游等方面的外籍流动人口比重是衡量城市人口国际化水平的重要指标。人口国际性流动越高，城市人口的异质性越高，城市成为世界经济科技文化交流中心的机会也就越大。提升国际化水平，有利于滨海新区加速形成国际化环境，有利于推动社会生活

的国际化和城市品质的全面提升。

四　提升国际化水平，有利于提高天津及滨海新区在世界城市体系中的城市能级和地位

国际性城市的重要标志，是对全球政治、经济和文化生活等方面具有重要的影响力和控制力。在世界城市体系中，根据城市的辐射和影响范围，城市国际化进程是按照地区中心城市、国家中心城市、区域性国际城市、洲际性国际城市、全球性国际城市的顺序演进。建设国际性城市的过程，就是城市积极参与国际分工与协作，城市生活日益融入国际经济、政治生活的历史进程。天津及滨海新区的发展目标是，不仅要成为中国北方经济中心及其经济增长极，而且要成为国际化港口城市、国际航运中心和国际物流中心，成为世界级现代制造研发转化基地。因此，提升国际化水平，正是天津及滨海新区回应全球化挑战，不断累积地方竞争优势，利用全球化机遇，持续改善其在世界城市体系中的相对位置，从一般“结点”城市上升为“核心”城市的动态过程。提升滨海新区的国际化水平，是推进新区向更高层次、更高水平发展的根本途径之一。

第二部分

评价标准与实证分析

第四章　滨海新区国际化的评价标准与实证分析

天津滨海新区的国际化进程始于1984年，国务院把天津列为首批沿海开放城市，天津经济技术开发区作为首批国家级开发区之一。经过近30年的开放开发，滨海新区的国际化进程取得重要进展。比较精确地判断滨海新区的国际化水平和城市国际化阶段，对于滨海新区未来国际化发展战略和目标的实现，具有重大意义。根据以上理论探讨和经验借鉴，从天津滨海新区的实际出发，客观评价滨海新区国际化进程及其发展水平，是提升其国际化水平的前提和关键。

第一节　评价指标：影响较大的几种评价模式

国际化城市是指形成发达开放性经济主体，并通过整合世界资源进行持续发展的城市。其特征是：国际影响力大、开放度高、经济发达、制度健全、管理有序、综合服务能力强、城市具有相当规模。

一　弗里德曼国际化城市指标

弗里德曼（1986）是最早为国际化城市制定标准的学者之一。弗里德曼认为国际化城市至少应该满足以下七个指标：①主要的金融中心；②跨国公司总部所在地；③国际性机构所在地；④商业部门（第三产业）的高度增长；⑤主要制造业中心（具有国际意义的加工工业等）；⑥世界交通的重要枢纽（尤其是港口与国际航空港）；⑦城市人口达到一定的标准。

随着经济社会的发展，其中的某些指标并不能反映当今国际化城市的现状，但这些标准仍被公认为判定一个城市是否为国际化城市的基本标准。

二　1996 年伊斯坦布尔世界城市年会城市国际化指标

联合国伊斯坦布尔城市年会提出的城市指标体系，共分 7 个部分：①背景数据；②社会经济发展；③基础设施；④城市交通；⑤环境管理；⑥地方政府；⑦居住情况。具体指标见表 4－1。

三　GN 中国国际化城市评价指标体系

中国城市竞争力研究会开发了中国国际化城市评价指标体系，由6项一级指标、16项二级指标、47项三级指标组成，一级指标包括城市国际影响指数、对外开放指数、城市经济指数、社会发展指数、城市综合服务能力指数、城市规模指数等。

四　世界市场研究中心（World Market Research Center）全球化指数（简称 G－Index）

该中心是一家设在伦敦的私人研究机构。它于2001年8月首次发布全球化指数，即 Globalization Index。该指数包含“传统经济”和“新经济”两大类指标，国际货物贸易、外国直接投资、净私人资本流动、服务产品出口、因特网主机数和国际长途电话使用率6个次级指标，样本数据涉及185个国家和地区，采用主观赋权法确定各个变量的权重。

其中，“传统经济”在整个指数中的权重为70%，包含3个次指标：国际货物贸易、外国直接投资和净私人资本流动。其中，“国际货物贸易”的权重最大，为50%，其余两项指标的权重各为10%。“新经济”的含义较为广泛，它反映新技术、通信、金融、服务以及文化等部门的发展情况。“新经济”在整个指数中的权重为30%，包含3个次级指标：服务产品出口、因特网主机数和国际长途电话使用率，权重分别为20%、5%、5%。其中，服务产品出口包括影片出口、广告业、旅游业、金融业以及境外工作公民的侨汇等多个方面。

五　科尔尼公司与《外交政策》杂志的“全球化指数”

从2001年开始，科尔尼公司和《外交政策》杂志每年联合推出“科尔尼/外交政策全球化指数”，该指数包含经济融合、人际交往、技术联络和政治参与4个维度，每一个维度中又包含若干个次指标，4个维度共14个次指标。通过对这14个指标的统计数据进行处理，得到有关国家的全球化指数。在此基础上，对62个国家和地区的全球化程度进行度量。该指数采用主观赋权确定权重，但由于指数的确定方法披露不完全，因此无法准确获得各个变量的权重。

六　国内代表性机构和学者的研究

原国家计委对外经济所研究认为，经济国际化的核心是资源配置的国际化，主要包括贸易国际化、资本国际化、生产国际化以及与此相适应的政策、体制和技术标准的国际化4个方面。由此，反映国际化程度的指标也应由涉及上述内容的若干指标组合而成，包括：①贸易依存度；②贸易结构水平；③资本依存度；④投资结构水平；⑤生产依存度；⑥实际关税总水平。

中国人民大学舆论研究所（1994）把现代化国际城市的衡量指标体系划分为三个层次。第一层次，关键的 5 项指标：年资金融通总量、年人均 GDP、港口吞吐量、外汇市场日交易量、外贸转口额；第二层次，13 项指标作为基本指标：人均拥有电话数、进口额、本地产品进出口额、贸易增加值占 GDP 的比重、金融业机构数、每万名职工中科技人员数、人均消费水平等；第三层次，13 项指标作为参考指标：人均生活用电量、高中以上文化程度人口比重、人均道路面积、人均国林绿地面积、商品零售总额等。

薛德升等（2006）采用了 1 个总目标、2 个要素指标、7 个复合指标、25 个具体指标，共四个层次，构成中国城市国际化水平衡量的指标体系。①总目标：城市国际化水平测定，是整个指标体系的目的所在，衡量各个城市在全球化进程中处于怎样的程度和位置。②要素指标：根据对国际城市概念的定义，以及对城市国际化过程的理解，将总目标层分为两个要素层，即基础指标层和核心指标层，前者反映城市现代化水平，后者反映城市国际化水平。现代化是城市国际化的必要条件，为满足城市功能外向化、国际化的要求，首先必须达到一定的现代化城市标准，因此将其作为基础指标。国际性指标是城市国际化水平评价的核心部分。城市国际化是在现代化的基础上，其主要经济结构和城市功能呈现国际化的特征。③复合指标：将要素指标进一步细分，其中基础指标分为城市规模、经济水平、服务业水平、劳动力素质，分别从城市外部硬性指标和人力资本等软性指标来衡量现代化水平；核心指标分为经济国际化、国际交流水平、政府国际化水平三部分，从经济、文化交流和政府运营等方面，反映城市国际化的水平。指标权数的确定采用专家打分法，城市研究专家根据自己的研究经验和认识，对各指标打分，最后取其平均值，计算相应百分比，最终得分即权重系数。

第二节　体系构建：两种指标体系纵横结合

为了在纵向上测度天津滨海新区在国际化进程中所处的阶段，在横向上与国内外同类城市进行比较，找出该地区在国际化新城建设中存在的问题和着力点，依据系统性与代表性相结合、可比性与可靠性相统一、科学性与可操作性相融合、发展目标与测评指标相一致的原则，借鉴已有相关研究，我们利用两个指标体系来评价滨海新区的国际化水平和国际化阶段。表 4 - 1 是联合国伊斯坦布尔城市年会（1996）发布的城市国际化指标体系，主要是分析滨海新区所处的国际化阶段。

表 4 - 1　城市国际化标准的分级及标准值

序　号	指标名称	初　级	中　级	高　级
1	人均 GDP（美元）	5000	10000	20000
2	人均可支配收入（美元）	4000	7000	15000
3	第三产业增加值占 GDP 的比重（%）	60	68	73
4	非农业劳动力比例（%）	75	80	85

续表

序　号	指标名称	初　级	中　级	高　级
5	人均电力消费量（千瓦时）	2000	3000	4000
6	人均公共绿地面积（平方米）	9	14	16
7	每万人拥有乘用车数量（辆）	1000	1500	2000
8	每万人拥有电话数（部）	3000	4000	5000
9	地铁运营里程（千米）	200	300	400
10	常住外籍人口占本地人口的比重（%）	6	10	20
11	入境旅游人数占本地人口的比重（%）	40	70	100
12	市民运用英语交流的普及率（%）	40	60	80
13	国际主要货币通兑率（%）	100	100	100
14	本地产品出口额占 GDP 的比重（%）	40	60	100
15	进口总额占 GDP 的比重（%）	30	50	80
16	外汇市场交易量（亿美元）	150	300	600
17	外商直接投资占本地投资比重（%）	10	20	30

表4－2是我们根据联合国伊斯坦布尔世界城市年会提供的城市国际化指标体系和专家建议，构建的包括基础指标和核心指标两个一级指标，经济规模与经济结构、居民生活水平与质量、城市基础设施、科技与教育水平、贸易国际化、生产与投资国际化、技术及信息国际化、人员国际化8个二级指标，以及56个三级指标在内的指标体系。该指标体系主要用于与浦东新区和深圳特区进行横向比较，探讨滨海新区国际化过程中存在的问题和差距，为提出对策建议提供客观依据。

表 4－2　滨海新区国际化评价指标体系

一级指标	二级指标	三级指标	指标解释和相关说明
基础指标	经济规模与经济结构	地区 GDP（C1）（万美元）	
		地区 GDP 比重（C2）（%）	地区 GDP/全国 GDP
		人均 GDP（C3）（美元）	地区 GDP/常住人口
		非农业劳动力比例（C4）（%）	非农劳动力/劳动人口
		第三产业产值占 GDP 的比重（C5）（%）	第三产业增加值/地区 GDP
		高端制造业产值占制造业的比重（C6）（%）	高端制造业产值/制造业产值
	居民生活水平与质量	恩格尔系数（C7）	
		人均可支配收入（C8）（美元）	按常住人口测算，下同
		人均社会消费品零售总额（C9）（美元）	
		人均医疗卫生费用支出（C10）（美元）	
		每万人拥有医生数（C11）（个）	
		人均公共绿地面积（C12）（平方米）	
		每万人拥有乘用车数量（C13）（辆）	
		人均电力消费量（C14）（千瓦时）	
	城市基础设施	路网密度（C15）（千米/平方千米）	道路（主干路、次干路和支路）的总长度/区域总面积
		地铁运营里程（C16）（千米）	
		航空港国际航线数量（C17）（条）	
		港口国际航线数量（C18）（条）	
		人均交通道路占有面积（C19）（平方米）	
		绿化覆盖率（C20）（%）	
		工业“三废”处理率（C21）（%）	
		生活垃圾无害化处理率（C22）（%）	

续表

一级指标	二级指标	三级指标	指标解释和相关说明
基础指标	科技与教育水平	在校大专及以上受教育人数占在校学生比例（C23）（%）	
		大专及以上文化程度占 15 岁及以上人口比例（C24）（%）	
		人均公共教育经费（C25）（美元）	
		R&D 投入占 GDP 的比重（C26）（%）	
		研发人员占从业人员比例（C27）（%）	
		万人拥有授权专利件数（C28）（件）	
		国际学校个数（C29）（个）	
核心指标	贸易国际化	外贸进出口总额（C30）（亿美元）	
		本地产品出口额占 GDP 的比重（C31）（%）	
		进口总额占 GDP 的比重（C32）（%）	
		国际贸易对象国覆盖面（C33）（%）	
		制成品贸易占商品贸易的比重（C34）（%）	
		服务（劳务）出口总额占 GDP 的比重（C35）（%）	
		航空港货物吞吐量（C36）（万吨）	
		港口货物吞吐量（C37）（万吨）	
	生产与投资国际化	实际利用外资总额（C38）（亿美元）	
		外商直接投资占本地投资的比重（C39）（%）	
		本地企业境外分支机构数（C40）（个）	
		世界 500 强企业入驻数（C41）（个）	
		吸引的外国直接投资占世界外国投资存量的比重（C42）（%）	
		外资企业产值所占比重（C43）（%）	

续表

一级指标	二级指标	三级指标	指标解释和相关说明
核心指标	技术及信息国际化	外汇市场交易量（C44）（亿美元）	
		国际组织数（C45）（个）	
		互联网用户普及率（C46）（%）	
		每万人拥有电话数（C47）（部）	
		国际长途电话使用率（C48）（%）	以分钟计算的国际长途电话通话时间占通话总时长的比重
		赴境外参与国际会议人次数（C49）	
		承办国际会议次数（C50）（人次）	
	人员国际化	常住外籍人口占总人口的比重（C51）（%）	
		入境旅游人数占本地人口的比重（C52）（%）	
		旅游外汇收入（C53）	亿美元
		熟练使用两种语言以上人口占15岁以上人口的比重（C54）	%
		航空港游客吞吐量（C55）	万人
		出境旅游人次（C56）	万人

第三节　实证分析：阶段判断与水平衡量

一　阶段判断——处于城市国际化中级阶段的初期

联合国伊斯坦布尔城市年会（1996 年）提出的城市国际化指

标体系是目前研究中的重要参考。天津滨海新区的各指标值见表4－3。

表4－3　天津市滨海新区国际化水平的国际标准对比

指标名称	实际值	初级		中级		高级	
		标准值	实现度 X_1	标准值	实现度 X_2	标准值	实现度 X_3
P1 人均 GDP（美元）	5030.11	5000	1.006	10000	0.503	20000	0.25
P2 人均可支配收入（美元）	3959	4000	0.989	7000	0.566	15000	0.264
P3 第三产业增加值占 GDP 的比重（%）	31.6	60	0.5267	68	0.465	73	0.432
P4 非农业劳动力比例（%）	99.85	75	1.33	80	1.248	85	1.17
P5 人均电力消费量（千瓦时）	3132	2000	1.566	3000	1.044	4000	0.783
P6 人均公共绿地面积（平方米）	3.6	9	0.404	14	0.257	16	0.225
P7 每万人拥有乘用车数量（辆）	2000	1000	2	1500	1.33	2000	1
P8 每万人拥有电话数（部）	3630	3000	1.21	4000	0.91	5000	0.726
P9 地铁运营里程（千米）	45.6	200	0.228	300	0.152	400	0.113

续表

指标名称	实际值	初级		中级		高级	
		标准值	实现度 X_1	标准值	实现度 X_2	标准值	实现度 X_3
P10 常住外籍人口占本地人口的比重（%）	3.98	6	0.66	10	0.398	20	0.199
P11 入境旅游人数占本地人口的比重（%）	1.66	40	0.041	70	0.024	100	0.016
P12 市民运用英语交流的普及率（%）	11	40	0.275	60	0.183	80	0.1375
P13 国际主要货币通兑率（%）	100	100	1	100	1	100	1
P14 本地产品出口额占 GDP 的比重（%）	31.3	40	0.783	60	0.521	100	0.313
P15 进口总额占 GDP 的比重（%）	47.66	30	1.59	50	0.95	80	0.595
P16 外汇市场交易量（亿美元）	584.4	150	3.89	300	1.95	600	0.97
P17 外商直接投资占本地投资比重（%）	6.55	10	0.655	20	0.327	30	0.218

注：本表根据《天津统计年鉴 2011》，运用 SPSS 软件分析处理得到的结果。

（一）分项指标实现度分析

根据联合国伊斯坦布尔城市年会的标准，天津滨海新区各分项指标的目前状况见表4－3，最终得出滨海新区国际化各分项的实现度（见表4－4）。按照初级标准，滨海新区实现度在0.6以上的指标占指标总数的70.6%，其中有9项指标基本实现，5项指标超标实现。超标指标主要是经济规模与经济结构、城市基础设施、生产与投资国际化和贸易国际化。按照中级标准，滨海新区实现度在0.6以上的指标占总指标数的47%，6项指标差距较大，其中主要以经济发展指标为主。按照高级阶段的标准，滨海新区实现度在0.6以上的指标仅占指标数的41.17%，0.6以下的指标占58.82%。参照国际通行的城市国际化标准，天津滨海新区目前的经济发展水平与部分基础设施建设水平尚可，优化经济结构、加强交通基础设施建设和人员交流与往来是今后提升滨海新区国际化水平的重点工作。

表4－4　天津滨海新区国际化分项指标实现度统计表

指标数据 参照标准	0－0.3： 差距很大	0.3－0.6： 差距较大	0.6－0.9： 差距不大	0.9以上： 基本实现
初　级	P11，P12，P9	P3，P6	P10，P14，P17	P1，P2，P4，P5，P7，P8，P13，P15，P16
中　级	P6，P11，P9，P12	P1，P2，P3，P10，P14，P17		P4，P5，P7，P8，P13，P15，P16
高　级	P1，P2，P6，P9，P10，P11，P12	P3，P15，P14	P5，P8，	P4，P7，P13，P16，P17

（二）综合指标实现度分析

运用相对指数加权综合评级法，能够更加直观简洁地测算出天津滨海新区国际化水平的综合实现度，城市国际化水平综合得分 H 与城市国际化水平综合实现度 h 的计算公式为：

$$H = \sum_{j=1}^{18} X_{ij} (i = 1,2,3) \qquad (1)$$

$$h = \frac{H}{17} \qquad (2)$$

其中，X_{ij} 为城市国际化水平各分项指标在不同等级条件下的实现度，根据公式（1）和公式（2）计算得到天津滨海新区国际化水平在初级、中级、高级三种标准下的综合实现度，见表4－5。

表4－5　天津滨海新区国际化水平综合实现度

单位：%

级　别	初　级	中　级	高　级
H	18.19	11.88	8.42
h	107	69.8	49.5

从表4－5中可以看出，目前天津滨海新区城市国际化综合水平已实现并超越城市国际化的初级标准（个别指标例外）；已经达到国际标准中级水平的69.8%，达到国际标准高级水平的49.5%。这表明，天津滨海新区的城市国际化水平已基本跨越初级阶段，进入城市国际化的中级阶段，但离城市国际化的高级阶段尚有一定差距。概言之，天津滨海新区目前处于城市国际化中级阶段的初期。

二 水平衡量：总体低于浦东和深圳、局部优势明显

（一）测算分析方法

为了科学地确定城市国际化水平评价指标的权重，我们采用主成分分析法进行比较分析。主成分分析法是设法将原来的指标重新组合成一组新的互相无关的几个综合指标来代替原来的指标，同时根据实际需要从中提取几个较少的综合指标，尽可能多地反映原来指标的信息，其本质是一种降维的数学思维方式。其优点是首先利用降维技术，用少数几个综合变量来代替原始多个变量，这些综合变量集中了原始变量的大部分信息；其次它通过计算综合主成分函数得分，对客观经济现象进行科学评价；再次它在应用上侧重于信息贡献影响力综合评价。其具体步骤为：设有 n 个样品，每个样品观测 p 个指标，将原始数据写成矩阵：

$$X = \begin{bmatrix} x_{11} & x_{12} & \cdots & x_{1p} \\ x_{21} & x_{22} & \cdots & x_{2p} \\ \vdots & \vdots & & \vdots \\ x_{n1} & x_{n2} & \cdots & x_{np} \end{bmatrix} = (X_1 \quad X_2 \quad ,\cdots \quad ,X_p)$$

（1）将原始数据标准化。

（2）建立变量的相关系数阵，$R_{ij} = (r_{ij})_{p\times p}$，设 $R = X'X$。

（3）求 R 的特别根 $\lambda_1 \geqslant \lambda_2 \geqslant \cdots\lambda_p > 0$ 及相应的单位特征向量。

$$a_1=\begin{bmatrix}a_{11}\\a_{21}\\\vdots\\a_{p1}\end{bmatrix},a_2=\begin{bmatrix}a_{12}\\a_{22}\\\vdots\\a_{p2}\end{bmatrix},\cdots,a_p=\begin{bmatrix}a_{1p}\\a_{2p}\\\vdots\\a_{pp}\end{bmatrix}$$

（4）写出主成分。

$$F_i = a_{1i}X_1 + a_{2i}X_2 + \cdots a_{pi}X_p \quad i = 1,\cdots,p$$

这里选取全国三个重要经济圈的相应三大增长极（天津滨海新区、深圳市、上海浦东新区）进行比较，进而明确天津滨海新区的发展地位和差距。根据我们构建的城市国际化评价指标体系（见表4－2），选取上述3个城市的2010年数据、41个城市国际化指标数据导入SPSS软件中，利用软件中的描述统计功能对已录入的原始数据进行标准化处理，再对标准化之后的数据进行主成分分析，得出各主成分的方差贡献率和累计方差贡献率。由于主成分的方差贡献率代表各原始变量对所研究的国际化水平特征的代表程度，方差贡献率越大，该主成分对所研究的国际化特征代表程度越高。在区域经济分析的主成分分析中，一般当少数几个主成分的累计方法贡献率达到85%时，就认定这几个主成分可以代表原来的多个变量所描述的区域经济的综合特征（见表4－6）。

从表4－6中可以看出，第一主成分的特征根值为6.907，方差贡献率为49.350%，前五个主成分累计方差贡献率为81.826%，表明前五个主成分的数值变化可以基本代表41个原始变量的变化。同时，求得各主成分在各指标上的载荷量，即主成分载荷矩阵（见表4－7）。

表4-6 城市国际化水平主成分贡献率和累计贡献率

主成分	特征值	方差贡献率（%）	累计贡献率（%）
F1	6.907	49.350	49.350
F2	4.469	12.992	62.342
F3	3.420	7.475	69.817
F4	2.118	5.886	75.703
F5	1.112	6.123	81.826

表4-7 旋转后的因子载荷矩阵

	成分				
	主成分1	主成分2	主成分3	主成分4	主成分5
C1 地区 GDP	0.934	0.107	0.123	0.367	0.106
C2 地区 GDP 比重	0.811	0.064	0.108	0.192	0.123
C3 人均 GDP	0.709	0.047	0.129	0.247	0.159
C4 非农业劳动力比例	0.700	0.075	0.131	0.032	0.284
C5 第三产业产值占 GDP 的比重	0.688	0.165	0.172	-0.006	0.269
C6 恩格尔系数	0.106	0.894	0.258	0.601	0.213
C7 人均可支配收入	0.123	0.865	0.150	0.209	0.166
C8 人均社会消费品零售总额	0.159	0.851	0.139	0.211	0.207
C9 每万人拥有医生数	0.284	0.778	0.138	0.099	0.448
C10 人均公共绿地面积	0.269	0.743	-0.014	0.052	0.292
C11 每万人拥有乘用车数量	0.213	0.707	0.374	0.411	0.104
C12 人均电力消费量	0.166	0.637	0.146	0.588	0.488
C13 路网密度	0.207	0.423	0.876	0.164	0.226
C14 地铁运营里程	0.448	0.308	0.841	0.278	0.123
C15 航空港国际航线数量	0.292	0.229	0.758	0.197	0.367
C16 港口国际航线数量	0.104	0.231	0.715	0.184	0.192
C17 人均交通道路占有面积	0.488	0.172	0.699	0.197	0.247

续表

	成分				
	主成分1	主成分2	主成分3	主成分4	主成分5
C18 绿化覆盖率	0.226	0.258	0.677	0.021	0.032
C19 工业“三废”处理率	0.123	0.150	0.674	-0.017	0.106
C20 生活垃圾无害化处理率	0.367	0.139	0.626	0.207	0.123
C21 人均公共教育经费	0.192	0.138	0.107	0.448	0.159
C22 R&D 投入占 GDP 的比重	0.247	-0.014	0.064	0.292	0.284
C23 研发人员占从业人员比例	0.032	0.374	0.047	0.104	0.269
C24 万人拥有授权专利件数	-0.006	0.146	0.075	0.488	0.213
C25 外贸进出口总额	0.601	0.623	0.165	0.226	0.166
C26 本地产品出口额占 GDP 的比重	0.209	0.308	0.107	0.123	0.207
C27 进口总额占 GDP 的比重	0.211	0.129	0.064	0.367	0.448
C28 航空港货物吞吐量	0.099	0.131	0.047	0.207	0.292
C29 港口货物吞吐量	0.052	0.150	0.231	0.211	0.197
C30 实际利用外资总额	0.411	0.139	00.331	0.897	0.184
C31 实际利用外资额占利用内外资总额的比重	0.588	0.138	0.101	0.854	0.197
C32 世界 500 强企业入驻数	0.764	-0.014	0.109	0.765	0.021
C33 实际直接利用外资金额占全国实际直接利用外资总额的比重	0.278	0.374	0.623	0.732	-0.017
C34 外汇市场交易量	0.197	0.146	0.108	0.687	0.197
C35 互联网用户普及率	0.184	0.123	0.129	0.150	0.184
C36 每万人拥有电话数	0.197	0.108	0.131	0.139	0.197
C37 常住外籍人口占总人口的比重	0.021	0.129	0.172	0.138	0.891
C38 入境旅游人数占本地人口的比重	-0.017	0.131	0.258	-0.014	0.876
C39 旅游外汇收入	0.342	0.150	0.150	0.374	0.732
C40 航空港游客吞吐量	0.376	0.139	0.123	0.150	0.712
C41 出境旅游人次	0.119	0.138	0.108	0.102	0.652

从表4－7显示的旋转结果中可以看出，主成分1在城市经济发展水平与城市产业结构方面载荷较大，因此将主成分1解释为经济规模与经济结构指标。主成分2在城市居民收入与城市公共环境、生活条件方面载荷较大，因此将主成分2解释为居民生活水平与质量指标。主成分3在各城市基础设施指标上载荷较大，因此将主成分3解释为城市基础设施指标。主成分4在城市利用外资比重以及对外投资方面载荷较大，因此将主成分4解释为生产与投资国际化指标。主成分5在城市接待外籍游客及旅游外汇等指标方面载荷较大，因此将主成分5解释为人员国际化指标。

在确定主成分后，根据计算出的各主成分的方差贡献率以及特征值计算各主成分在城市综合实力上的权重。根据公式 $W_i = \lambda_i (\sum_{i=1}^{m} \lambda_i)^{-1}$ 计算各主成分的权重。然后由各城市在五个主成分上的得分分别乘以各自的权重计算得出各城市国际化水平的综合得分。通过计算，该五个主成分的权重分别为：38.32%、24.79%、18.97%、11.75%、6.17%。

（二）总体比较

按照2010年的数据计算，滨海新区、浦东新区和深圳三地在经济规模与经济结构、居民生活水平与质量、城市基础设施、生产与投资国际化、人员国际化等方面的得分状况如表4－8和图4－1所示。

表 4-8 滨海新区、浦东新区和深圳国际化水平比较

城市	经济规模与经济结构指标	居民生活水平与质量指标	城市基础设施指标	生产与投资国际化指标	人员国际化指标	综合得分	排名
滨海新区	8.79	0.97	0.91	1.82	0.56	4.037	3
浦东新区	10.59	1.24	1.13	1.60	0.90	4.823	1
深圳	9.18	0.98	1.05	1.76	0.67	4.227	2

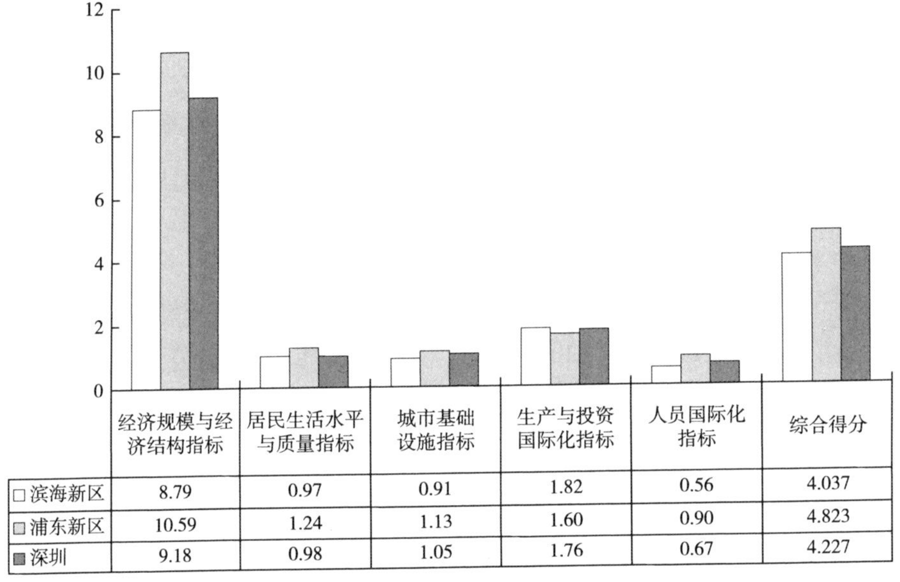

图 4-1 滨海新区、浦东新区和深圳国际化水平比较

根据评价结果，浦东新区的总体评价最高，其次是深圳，滨海新区的综合得分排在最后。滨海新区的国际化水平之所以次于浦东新区与深圳，主要表现在三个方面。一是经济规模目前仍落后于浦东新区与深圳；二是城市基础设施建设水平也较浦东新区与深圳稍弱；三是人员国际化水平偏低。也就是说，在城市国际化水平的支撑条件和基础实力方面，与具有先发优势的浦东新区、深圳存在差

距，滨海新区作为后来者仍需努力。但天津滨海新区的生产与投资国际化较浦东新区和深圳具有较明显的相对优势；居民生活水平与质量不断提升，与浦东新区、深圳的差距不大。特别是在外资引进方面，天津滨海新区已经走在了三大城市（区）的前面。

（三）分项比较分析

1. 经济规模与经济结构

就经济规模和经济结构来看，滨海新区在国民经济总体规模上已经与浦东新区、深圳差别不大，其地区生产总值已超过浦东新区，而人均地区生产总值方面甚至遥遥领先于浦东新区和深圳。然而，滨海新区经济结构中第三产业产值在地区生产总值中的比重仅为31.6%，远远落后于浦东新区和深圳，这一指标也远达不到城市国际化初级阶段的水准（见表4－9和图4－2）。

我们认为，滨海新区第三产业产值之所以低于浦东新区、深圳以及国际化大都市在初级阶段的一般水准，是由其区域分工及区域功能等特定原因所决定的。滨海新区不是一个独立的综合型城市，而是天津市的一个区域和重要组成部分。在与中心城区的功能分工中，它担负着重点发展现代工业、国际航运、国际物流等重要使命。随着天津工业的战略东移，中心城区重点发展现代服务业、滨海新区重点发展现代工业的区域分工格局基本形成。滨海新区的主要功能决定了它在现代工业大发展、聚集、扩张阶段时，其第二产业比重大于第三产业比重是必然现象。衡量其城市国际化水平，主要不是看其第三产业占GDP的比重，而是看其主要功能——现代工业、国际航运、国际物流等规模和水平在区域乃至世界的地位和影响力。应当承认，滨海新区目前的工业规模和水平距离世界级现代制造研发转化基地目标，航运中心和物流中心对全球经济的影响力等还有较大差距。

表 4－9　三大城区（市）经济规模与经济结构主要指标（2010 年）

指标名称	滨海新区	浦东新区	深　圳
地区 GDP（亿元）	5030.11	4707.52	9581.51
地区 GDP 占全国的比重（%）	1.25	1.17	2.39
人均 GDP（万元）	20.2655	9.3322	9.2379
非农业劳动力比例（%）	99.85	93.7	100
第三产业产值占 GDP 的比重（%）	31.6	56.1	52.7

资料来源：《天津滨海新区统计年鉴 2011》《上海浦东新区统计年鉴 2011》《深圳统计年鉴 2011》。

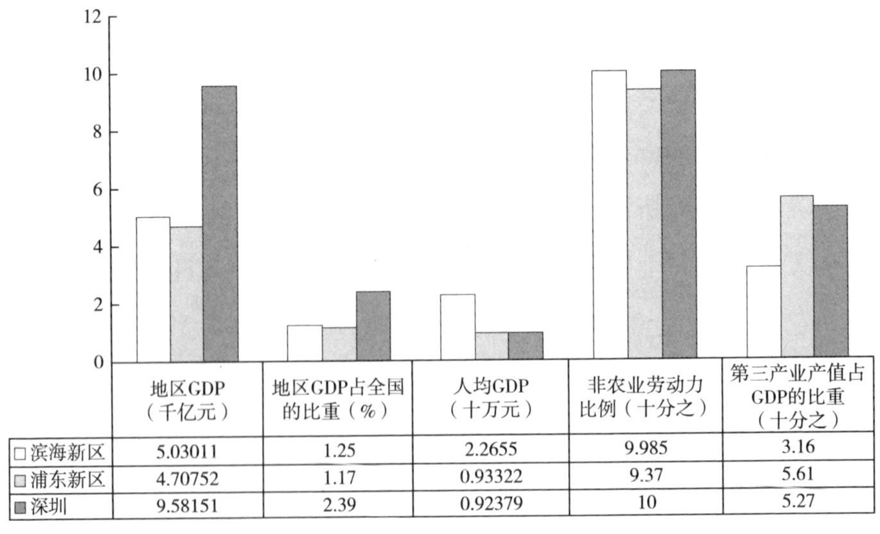

图 4－2　2010 年三大城区（市）经济规模与经济结构主要指标对比

2. 居民生活水平与质量

就居民生活水平与质量的总体指标来看，滨海新区与浦东新区和深圳的差距不大，其差距主要表现在居民的恩格尔系数还比较高、城镇居民人均年可支配收入偏低、人均公共绿地面积过低、人均电力消费量和每万人拥有医生数相对较低。但是，滨海新区在人均社会消费品零售总额、每十人拥有乘用车数量方面已超过浦东新区和深圳（见表4－10 和图4－3）。

表4－10　三大城区（市）居民生活水平与质量主要指标（2010年）

指　标	滨海新区	浦东新区	深　圳
恩格尔系数（%）	38.78	34.8	35.5
城镇居民人均年可支配收入（元）	22356	32330	32381
人均社会消费品零售总额（元）	29958	20555	28931
每万人拥有医生数（个）	18	37.52	21
人均公共绿地面积（平方米）	3.6	22.71	16.4
每万人拥有乘用车数量（辆）	2000	1800	1675
人均电力消费量（千瓦时）	6250	7270	6397

资料来源：《天津滨海新区统计年鉴2011》《上海浦东新区统计年鉴2011》《深圳统计年鉴2011》。

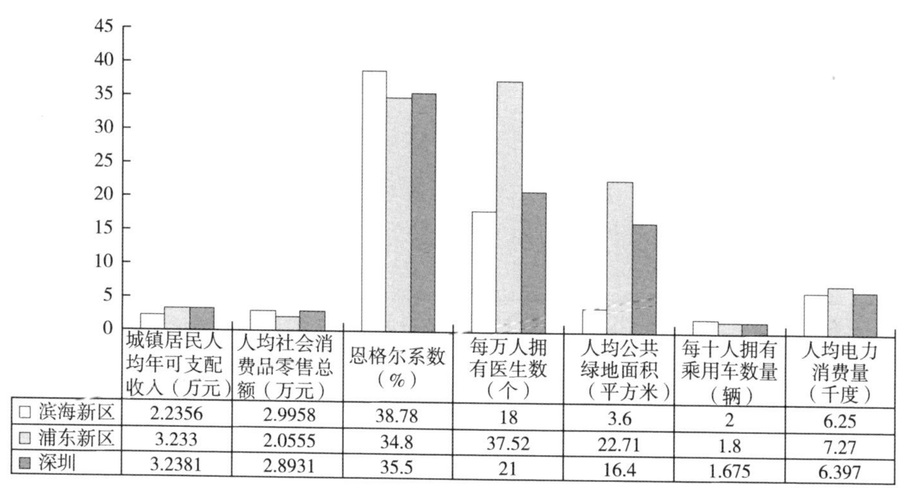

图4－3　2010年三大城区（市）居民生活水平与质量指标对比

3. 城市基础设施状况

滨海新区城市基础设施落后于浦东新区和深圳。滨海新区在路网密度、地铁营运里程、航空港国际航线数量和港口国际航线数量等方面明显落后于浦东新区、深圳，这与滨海新区开发开放时间较晚有较大关系。深圳和浦东新区分别在20世纪80年代初和90年代初开始开发开放，滨海新区的开发开放直到2006年才上升到国家战略层面，而其区划整合直到2009年才开始。另外，在路网密度低的情况下，滨海新区的人均交通道路占有面积远超过浦东新区和深圳两地，这表明，与浦东新区和深圳相比，滨海新区还有较大的开发空间（见表4－11和图4－4）。

表4－11　三大城区（市）城市基础设施主要指标（2010年）

指　标	滨海新区	浦东新区	深　圳
路网密度（千米/平方千米）	0.62	0.89	0.81
地铁运营里程（公里）	45.6	109	76.5
航空港国际航线数量（条）	18	402	150
港口国际航线数量（条）	600	890	240
人均交通道路占有面积（平方米）	11	6.99	8.6
绿化覆盖率（%）	38①	36.1	45
工业“三废”处理率（%）	98.17	99.17	99.82
生活垃圾无害化处理率（%）	92.16	93.18	94.6

资料来源：《天津滨海新区统计年鉴2011》《上海浦东新区统计年鉴2011》《深圳统计年鉴2011》。

① 《天津市滨海新区2011年政府工作报告》。

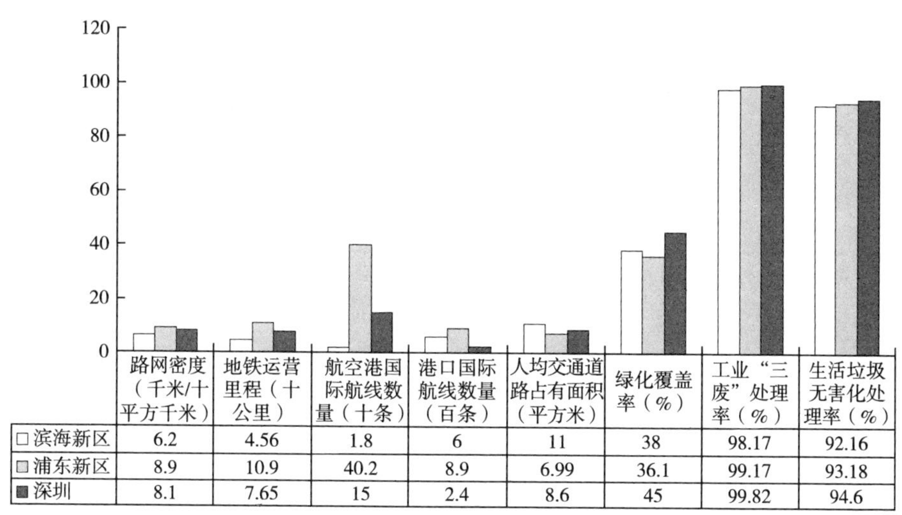

	路网密度（千米/十平方千米）	地铁运营里程（十公里）	航空港国际航线数量（十条）	港口国际航线数量（百条）	人均交通道路占有面积（平方米）	绿化覆盖率（%）	工业“三废”处理率（%）	生活垃圾无害化处理率（%）
□滨海新区	6.2	4.56	1.8	6	11	38	98.17	92.16
▨浦东新区	8.9	10.9	40.2	8.9	6.99	36.1	99.17	93.18
■深圳	8.1	7.65	15	2.4	8.6	45	99.82	94.6

图 4－4　2010 年三大城区（市）城市基础设施主要指标对比

4. 生产与投资国际化指标

滨海新区在生产与投资国际化方面领先于浦东新区和深圳（见表4－8），主要得益于考察年份滨海新区实际利用外资总额远远超过浦东新区和深圳（见表 4－12 和图 4－5）。另外，需要指出的是，滨海新区在世界 500 强企业入驻数量上还远落后于浦东新区；在金融机构外汇存贷款总额上尽管超过深圳，但是还远落后于浦东新区，这些都表明滨海新区在生产与投资国际化方面还需进一步努力。

表 4-12　三大城区（市）生产与投资国际化主要指标（2010 年）

指　标	滨海新区	浦东新区	深　圳
实际利用外资总额（亿美元）	71.31	38.56	44.6942
实际利用外资额占利用内外资总额的比重（%）	57.82	34.65	12.93
世界 500 强企业入驻数（百个）	1.09	4.58	1.80
实际利用外资占全国实际利用外资总额的比重（%）	6.55	3.65	4.11
金融机构外汇存贷款总额（亿美元）	58.4400	89.9876	28.059

资料来源：《天津滨海新区统计年鉴 2011》《上海浦东新区统计年鉴 2011》《深圳统计年鉴 2011》。

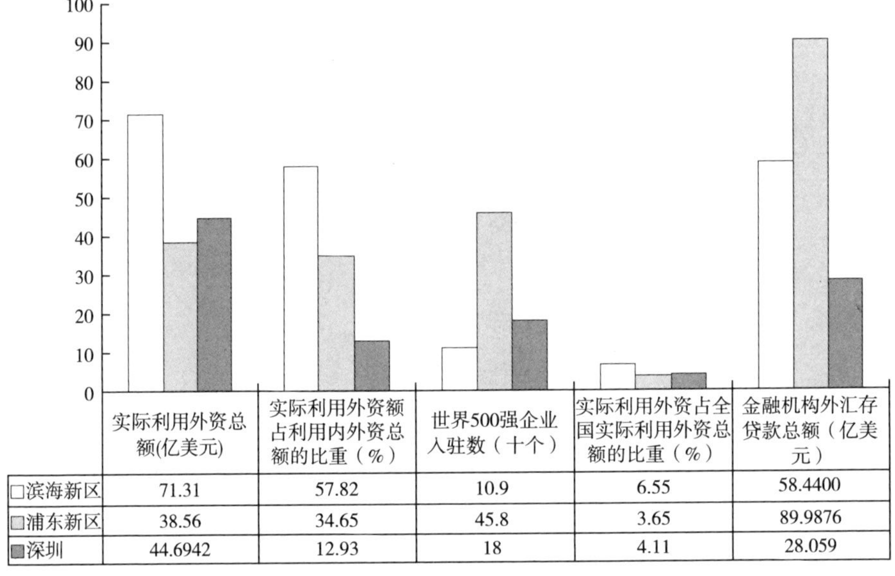

	实际利用外资总额(亿美元)	实际利用外资额占利用内外资总额的比重（%）	世界500强企业入驻数（十个）	实际利用外资占全国实际利用外资总额的比重（%）	金融机构外汇存贷款总额（亿美元）
□滨海新区	71.31	57.82	10.9	6.55	58.4400
▨浦东新区	38.56	34.65	45.8	3.65	89.9876
■深圳	44.6942	12.93	18	4.11	28.059

图 4-5　2010 年三大城区（市）生产与投资国际化主要指标对比

5. 人员国际化

在人员国际化方面，滨海新区在所有的具体指标上全部低于浦东新区和深圳。滨海新区在常住外籍人口占总人口的比重、入境旅游人数占本地人口的比重两项具体指标上不仅落后于浦东新区和深圳，而且远没有达到城市国际化初级阶段的标准（见表 4-13 和图 4-6）。

表 4－13　三大城区（市）人员国际化主要指标（2010 年）

指　标	滨海新区	浦东新区	深　圳
常住外籍人口占总人口的比重（%）	3.98	6.89	4.82
入境旅游人数占本地人口的比重（%）	5.02	6.37	5.6
旅游外汇收入（亿美元）	28.11	36.76	31.79
航空港游客吞吐量（百万人次）	21.11	40.41	26.71
出境旅游人次（万人次）	31	77	61.09

资料来源：《天津滨海新区统计年鉴 2011》《上海浦东新区统计年鉴 2011》《深圳统计年鉴 2011》。

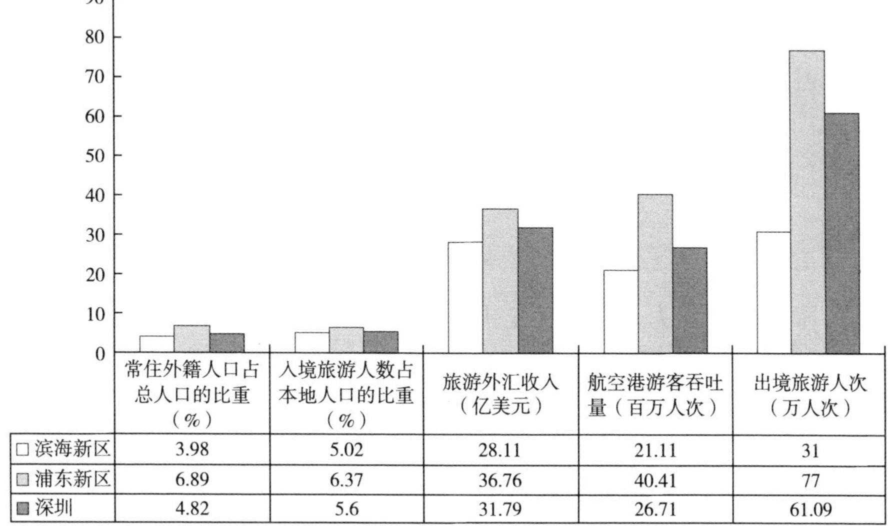

图 4－6　2010 年三大城区（市）人员国际化主要指标对比

三　结论

（一）城市国际化已跨过初级阶段

按照联合国城市国际化标准，滨海新区目前已跨过城市国际化初级阶段，正处于城市国际化中级阶段的初期。但是，滨海新区在第三产业增加值占 GDP 的比重、人均公共绿地面积、地铁运营里程、常住外籍人口占总人口的比重、入境旅游人数占本地人口的比重等方面还没有达到城市国际化初级阶段的基本标准。

（二）总体水平仍有差距

主要体现在支撑国际化的基础实力，如总体经济实力还不够强，工业规模和水平距离世界级现代制造研发转化基地的目标还有较大差距，航运中心和物流中心对区域乃至全球经济的影响力还有待提升，城市基础设施还有不足等。

（三）分项指标有明显优势

主要体现在生产与投资国际化具有明显的相对优势，人员国际化的相对差距不大，特别是在居民生活水平与质量、国际外资引进等方面，已经走在了浦东新区及深圳的前面。

总之，以浦东新区、深圳为代表的国内一部分国际化城市，在经济发展和基础设施方面具备某种先发优势，但参照通行的国际城市标准，它们在对外交流和社会发展方面与国外发达城市也有一定距离。天津滨海新区作为后起的新兴国际化城市，有自身特有优势和发展潜力。

第四节　差距问题：硬实力与软环境

只有找准差距、问题和制约因素，才能明确进一步发展的着力点。根据前面对滨海新区国际化水平的阶段判断和水平衡量，我们认为，滨海新区国际化水平的差距和问题主要表现在以下几个方面。

一　国际化水平的差距

与成熟的国际化大都市相比，天津及滨海新区的国际化水平不仅表现为对世界经济影的响力和辐射力不够，还表现为尚未真正建立起一套符合国际规范的社会服务系统。与成熟的国际化大都市相比，天津及滨海新区经济总量水平和国际化程度还有较大差距，对世界经济影响力较弱，还谈不上在国际金融领域的影响力。国际资本聚集能力有待提高，经济对外辐射力不足，对周边区域乃至东北亚地区的带动作用不明显。经济参与国际循环的程度还比较有限，滨海新区产品出口额占 GDP 的比重为 31.3，但只相当于国际化进程初级阶段标准值 40% 的 0.7825，产品的国际竞争能力还不强，特别是在境外办的企业还不多，尚未形成较强大的力量渗透国际市场。常住外籍居民比例偏低，如前文所分析，天津滨海新区常住外籍人口占总人口的比重只有 3.98%，而浦东新区和深圳分别达到 6.89% 和 4.82%，市民的国际化素质也有待提高。

二　支撑体系的制约

目前世界上最重要的国际化大都市都处在世界信息网络的主要节点上，这些超大城市的海运、空运和计算机网络的通用性遍及世界，有高度发达的第三产业，并具有世界一流水平的城市服务功能。滨海新区的能源、交通运输、通信技术等还存在“瓶颈”制约，第三产业还不够发达。如前文所分析，滨海新区的路网密度为0.62，而浦东新区和深圳分别为0.89和0.81；航空港国际航线数量的差距更为明显，滨海新区为18条，而浦东新区和深圳分别为402条和150条。即使是天津最具优势的港口国际航线数量，与浦东新区的890条相比仍有一定差距。

三　城市文化包容性不够，国际交往能力有待提高

在天津及滨海新区落户的国际组织数量过少且落户组织层次影响偏弱，落户的非政府间国际组织少。国际旅游接待能力不足，为外来打工者和外地游客提供便捷服务不够，城市管理者和服务窗口对外来者的服务意识还有待增强，城市文化包容性不够。会展业发展环境在规模、质量和影响力等方面都需要继续改善。有研究者认为，一个国际化大都市，每年至少要举办150次以上由80个国家和地区参加的国际会议，例如，巴黎的国际会议就多达300多个。2008年，北京、上海和广州举办的展览会分别占全国总数的22%、51%和27%，与此相比，滨海新区的国际文化交往能力还有待提高。

四　体制软环境和文化软实力的差距

制度、规则方面的人为控制因素较多，一些规矩流于形式，法

治环境有待改善。政府履行公共服务的能力不够强，投资审批环节多、周期长，国际服务意识、服务质量和效率仍存在较大差距。双语标识、指南和服务与国际惯例仍有差距，公共场合中不文明现象仍普遍存在。地铁和公交乘车环境、医疗条件与服务水平、教育国际化程度等还满足不了发展需要。外国人居住地的国际教育学校较少，城市生态环境亟待改善，从空气综合污染指数来看，与国际城市的差距仍然比较明显。

天津滨海新区应充分借鉴国内外一些国际化城市的成功经验，更加注重城市经济、社会、政治、文化、对外交流等方面的相对均衡发展，探索出一条真正具有自身特色的城市国际化新路径。

第五章　提升滨海新区国际化水平的目标、思路与突破口

随着经济全球化的不断加强和地域分工的深化扩展，绝大多数城市和地区日益融入全球经济网络之中。城市国际化水平已成为衡量城市国际影响力和竞争力的重要指标和影响城市发展的重要因素。本章力图从我国国情和滨海新区发展实际出发，以超前的发展意识和实事求是的态度，在探讨和揭示国际化城市发展的共性规律与趋势特征的基础上，探索并提出符合滨海新区发展阶段和功能定位的城市国际化目标和实现路径，为政府科学决策提供参考依据。

第一节　目标定位

天津滨海新区既不同于北京、上海、广州等综合性超大城市，又不同于单一功能的功能区，本课题组经研究认为，滨海新区国际化发展的目标定位应当是：天津国际化港口城市的核心区、示范区

和领航区；北京建设世界城市的重要支撑、京津冀城市群的引领带动区域及北方对外开放的门户；具有城市综合功能的国际化新兴城市。

一 天津国际化港口城市的核心区、示范区和领航区

滨海新区作为天津国际化港口城市的核心区，是由自身资源禀赋、在天津城市发展中的地位以及国家战略要求的功能作用决定的。这里涉及滨海新区与天津的关系，涉及滨海新区在天津实现发展目标中的地位和作用。在国家城市体系中，天津与长三角地区的上海，珠三角地区的广州、香港、澳门等城市相类似，都是重要的门户城市。2005 年国务院对天津城市规划的批复，明确提出天津要发挥“国际化港口城市”和我国“北方经济中心”的重要作用。在全球城市体系中，天津既是中国与世界之间的重要节点城市，又正在与北京及其所依托的京津冀地区共同建设东北亚地区最具活力和国际竞争力的城市群，要代表国家参与全球城市竞争。天津滨海新区是天津市的重要组成部分，是天津建设国际化港口城市的核心区域。早在 1994 年天津市委、市政府做出工业战略东移和建设滨海新区的重大战略决策之际，就明确了滨海新区与天津中心城区的功能分工：滨海新区重点发展先进制造业及航运物流，中心城区重点发展服务业特别是现代服务业。2006 年国务院下发的《国务院关于推进天津滨海新区开发开放有关问题的意见》，更是明确了天津滨海新区的目标定位：要建设成为我国北方高水平的现代制造业

和研发转化基地、北方国际航运中心和国际物流中心。滨海新区最大的战略资源是拥有我国北方第一、全国第三、世界第四的大型综合性海港；拥有经过十多年开发建设、天津工业战略东移、国家重大项目的持续投入所形成的航空航天、电子信息、汽车和装备制造、现代冶金、石油开采及加工、食品加工、生物医药、新材料新能源八大现代制造产业优势（2011 年工业产值已突破 1 万亿元）；拥有国家级开发区、保税区、高新区、东疆保税港区等功能优势以及可供开发建设的土地等资源、生态等发展空间。可以说，滨海新区的上述功能优势、产业优势和资源优势，就是天津建设国际化港口城市的核心资本和战略资源，滨海新区建设现代制造研发转化基地、北方国际航运中心和国际物流中心等国际化进程的推进，构成了天津建设国际化港口城市的核心任务和战略举措，直接关系到天津城市发展目标的实现以及全国区域中心乃至全球城市体系节点城市地位的确立和跃升。

滨海新区在推动天津从建成国际化港口城市向综合型国际化大都市和东北亚国际门户城市迈进、实现三个跨越过程中发挥主力军和排头兵的重要作用。我们认为，天津市作为我国四大中央直辖市之一、人口数超千万的超大城市，其国际化发展的近期目标是到 2020 年建成国际化港口城市，远期目标是到 2030 年建成综合型国际大都市和世界重要的国际门户城市。随着科学技术的发展，现代交通工具的出现大大缩短了各地的相对距离，这一巨大变化，使地理条件优越已成为相对的概念，使联系各大洲的交通枢纽被海洋国家或城市所垄断的情况成为历史。因此，从发展趋势来看，专业型国际化城市正在向综合型方向发展，其城市功能从初级、单项功能逐步发展为完善的综合服务功能。因此，天津应当围绕建设一流国际化城市的战略目标，加快推动从初级、单一功能的专业型国际化港口城市，向功能不断完善、水平不断提高的综合型国际化大都市迈进。同时，城市国际化也是一个城市经济、政治、文化日益融入世界体系，不断提升国际化水平的历史进程；是回应全球化挑战，利用全球化机遇，不断累积地方竞争优势，持续改善在世界城市体系中的相对位置，从一般“节点”城市上升为“核心”的动态过程；是城市的辐射力和吸引力影响波及的范围，从区域、全国逐步扩大到全球范围的历史过程。在天津城市国际化进程中，滨海新区要在推动天津从建成国际化港口城市向综合型国际化大都市跃升、从一般国际“节点”城市向国际“核心”城市迈进、从中国北方对外开放门户城市向东北亚地区具有重要影响力和竞争力的国际门户城市迈进的这三个跨越中发挥主力军和排头兵的重要作用。

目前天津及滨海新区正在积极推进城市国际化进程，其城市的国际影响力正在不断扩大，但总体上还限于地区性或区域性。天津与香港、新加坡、首尔等洲际型国际化城市相比有一定差距，与纽约、伦敦、东京等全球城市或世界城市的差距更为明显。因此，天津及滨海新区应通过与北京共建国际大都市区、打造京津冀城市群，逐步从地区性国际化城市发展到在东北亚地区具有重要竞争力和影响力的国际化大都市。

二　北京建设世界城市的重要支撑、京津冀城市群的引领带动区域、北方对外开放的门户

从国家和区域视角来看，滨海新区不仅是天津城市国际化的重要组成部分，也是北京首都建设世界城市的重要组成部分，是京津冀建设全球巨型城市群的引擎地区。这里涉及滨海新区与北京的关系，以及滨海新区在京津冀城市群中的地位和作用。随着世界经济增长重心正在向亚洲、亚太地区转移和中国迅速崛起为全球第二大经济实体，中国正在成为新的世界经济中心之一，成为推动世界经济增长的重要发动机。未来的中国需要建设若干个全球性世界城市以及以其为核心的全球巨型城市区。而北京作为中国首都，建设世界城市是时代使命和必然方向。这不仅是北京自身发展的内在要求，更是国家发展战略的一个重要组成部分。从建设世界城市的综合实力来看，北京和上海都有这种可能，而北京拥有更多的有利条件。与长三角、珠三角一样，京津冀地区也是中国最有可能建成全球巨型城市区、实施全球化战略的地区之一。可以说，“十二五”时期是北京建设世界城市和京津冀建设全球巨型城市区的重要时期。世界城市发展历程同样表明，世界城市的形成发展离不开所在城市区域的强大支撑，世界城市必然崛起于世界增长重心地区最具实力的城市群之中。作为京津冀城市群中最大的增长极和对外开放高地，滨海新区对北京建设世界城市和京津冀打造更具国际竞争力的城市群负有重大的历史使命。

滨海新区要成为推进区域国际化进程的引擎带动区域、服务辐射区域和示范引领区域。根据国家给滨海新区的目标定位，滨海新区要依托京津冀、服务环渤海、辐射“三北”、面向东北亚，以建成高水平的现代制造业和研发转化基地为支撑，发挥区域经济发展的引擎带动作用；以建成北方国际航运中心和国际物流中心为载体和平台，服务北京、服务区域，发挥北方对外开放的门户作用；以率先与国际接轨为体制保障，形成符合国际惯例的法律体制环境、多元包容的社会文化氛围和注重人性化发展、可持续发展的宜居宜业环境，发挥推进区域国际化的引领示范作用。这些都要求滨海新区自身必须不断增强国际化城市功能，不仅要更大程度地融入世界经济体系，参与国际分工和竞争，更要逐步提升在全球范围内集聚和配置重要资源的能力，扩大其对世界经济的影响力，逐步成为在国际发展体系中承担重要角色的国际性经济枢纽区域。

三　具有城市综合功能的国际化新兴城市

首先，滨海新区要建成的不是一个只具有单一功能的产业区或生活区，而是一座集生产和生活于一体，经济、社会、生态协调发展，具有综合功能的新兴城市。滨海新区不同于一般的单一功能区，它的行政区划是由原来的塘沽区、汉沽区、大港区三个行政区和高新区、保税区以及天津港等功能区整合而成的。在 2270 平方千米的土地上，有 1/3 是建设用地，1/3 是农业用地，1/3 是生态用地，是全面落实科学发展观的先行示范区、全国综合配套改革试验区。从常住人口来看，2011 年滨海新区人口已经达到 253 万人，按照滨海新区“十二五”发展规划，到 2015 年常住人口要控制在 400 万人以内。这意味着滨海新区将发展成为一个具有综合功能的特大城市。从经济实力来看，滨海新区目前已占天津全市的半壁江山。因此，它的建设目标，绝不是某个“功能区”，而是一座新兴的城市，是集生产、生活于一体，经济、社会、生态协调发展的宜居宜业型和国际化的新兴城市。

其次，滨海新区要建成的是一座经济运行具有高度国际关联性的新兴城市。如前文所分析，作为国际化城市，无论是国际化大都市、世界城市还是国际化新城，其基本特征是，经济运行的诸要素、诸功能都具有国际关联性，如金融国际化、贸易国际化、生产国际化、服务国际化、信息国际化、科技国际化、文化国际化等；其城市功能的辐射效应也具有国际关联性，如建设国际航运中心、国际物流中心等。要建成这样一座国际化新兴城市，就要加快城市现代化，为城市国际化提供必要的支撑条件，如具有雄厚的经济实力，先进的科技和教育水平，高效便捷的基础设施，安全、文明、多元、包容的社会环境，低碳、绿色、宜居的生态环境和高水平的城市管理等。

最后，滨海新区的近期目标是建成国际化港口新城区，远期目标是建成具有综合功能的国际化新兴城市。近期的主要任务是建设集国际高端要素聚集地、国际性制造研发转化基地、国际航运中心和国际物流中心、国际自由贸易区、国际宜居宜业新城于一体的国际化港口新城区（见图 5 – 1）。这些战略重点构成了国际化新兴城市的基本框架，它们之间相互支持、相辅相成，共同推进滨海新区的城市国际化进程。从这些战略着力点入手，有利于实现天津滨海新区的定位目标。

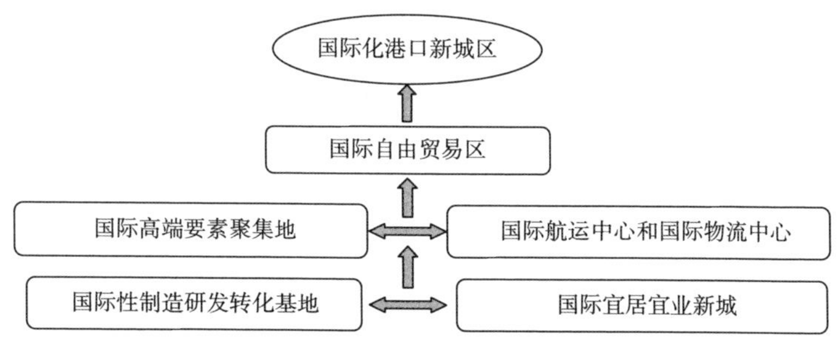

图 5－1　滨海新区国际化港口新城区的功能结构

第二节　发展思路

一　不求全，只求最优，在加强区域分工与合作中提升国际化水平

提升国际化水平不求面面俱到，要从滨海新区的功能定位及发展实际出发，在明确与天津中心城区的分工、与北京的分工中来提升滨海新区的国际化水平。例如，根据滨海新区的资源禀赋和功能定位，充分利用港口、土地等战略资源优势，集中全区力量，重点建设现代制造研发转化基地、国际航运中心和国际物流中心。我们不求全，只求最优，要在几个主要指标上力争做到全国第一、世界领先。例如，现代制造业，要做成中国、亚洲，甚至是全球的国际

化制造业基地。不与浦东新区、深圳比三产比重，滨海新区的服务业要同天津全市统筹谋划和计算，要围绕制造业重点发展生产性服务业，与北京的服务业错位发展、借力发展与合作发展。

二 高起点、快起步、出特色，在落实国家定位中去提升国际化水平

要做强主体功能，突出自身优势，确定发展重点，打造国际化城市。本书认为，滨海新区近期应围绕“五个重点”，即建设国际性制造研发转化基地、国际航运中心和国际物流中心、国际高端要素聚集地、国际宜居宜业新城、国际自由贸易区，争创高端产业聚集区、科技创新领航区、生态文明示范区、改革开放先行区、和谐社会首善区。这些重点建设相互支撑，构成近期提升国际化水平的基本框架。

三 围绕核心定位来提升国际化水平

本书认为，滨海新区的核心定位是建设国际性的制造研发转化基地，这符合天津工业化发展阶段和滨海新区的区域分工与定位。提升国际化水平的重大举措，都要围绕这个核心定位来进行，如围绕现代制造业来搞研发，在提高科技成果转化率、产业化率以及产业竞争力方面，做到全国乃至世界一流水平；围绕现代制造业发展现代航运和现代物流，建设国际航运中心和国际物流中心；围绕现

代制造业进行金融创新，发展现代金融，重点发展产业基金、私募基金、风险投资基金以及造船和大飞机的融资租赁等，建成我国的产业基金之都；围绕现代制造业来建设生态宜居系统，高起步，高标准，达到全国领先、世界一流。目前，滨海新区在融资租赁、私募基金方面已经做到全国第一，融资租赁交易量占全国的23%，私募基金交易量也是全国最大。几个主要指标如果实现了国际化，滨海新区的国际化水平将得到实质性提升。围绕现代制造这一核心定位来提升国际化水平，既可促进国际性制造研发转化基地的快速崛起，又可带动滨海新区的国际航运中心、国际物流中心、北方金融中心以及科技创新策源地等目标的实现。图5－2显示了滨海新区核心定位与其他发展目标的关系。

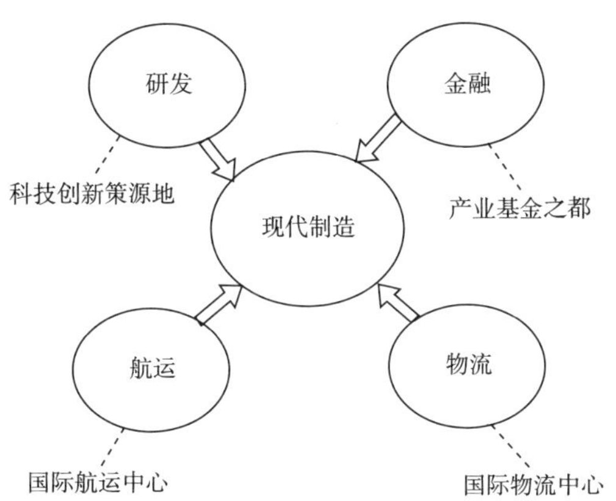

图5－2　滨海新区核心定位与其他发展目标的关系

四　围绕增强国际化城市“五个力”来提升国际化水平

本书认为，城市国际化是城市的聚集力、支撑力、承载力、辐射力和软实力五个力量相互支持、形成合力，进而推动其由低级向高级演进的阶段产物和历史进程。因此，提升国际化水平，应当从增强城市的“五个力”入手。①增强国际要素的“聚集力”。国际化城市一般具有很强的集聚力，能聚集全球的资源，并能影响全球经济发展。因此，应树立全球意识，加大开放力度，通过吸引机构入驻，吸引国际资本、技术和知识精英等核心要素聚集，以增强对周边地区的辐射能力，增强城市财富创造能力和为国际社会提供服务的能力。②增强现代产业的“支撑力”。国际化城市需要有强大的现代高端产业做支撑，其产业能不断累积地方竞争优势，并嵌入全球生产网络，参与全球化带来的高增长分配。同时，基于本地知识体系的自主创新能力，是提高本地产业及其国际竞争力的强大动力和内生关键因素。③增强城市服务的“辐射力”。国际化城市应具有很强的辐射力和国际集散能力。为保证全球范围的巨大要素规模和流量正常运行，必须大力发展金融保险、商贸物流、交通运输、信息服务、咨询服务等生产性服务业和个性化定制服务业，构建国际化基础设施和公共服务平台（如构筑国际化信息平台，实现全球范围内信息流动无障碍），加快建设陆、海、空等多种形式的综合运输体系，完善和提升城市综合服务功能。④增强生态环境的“承载力”。资源生态环境和基础设施的超负荷，往往会成为影响城市国际化进程和整体效益的“短板”或“瓶颈”。一个城市可开发利用的地下空间资源量一般是城市总面积乘以开发深度的40%。目前，发达国家都把地下空间作为新型国土资源，需要在时间和空间领域挖掘新的城市资源。如时间方面，打造全天候不夜城，提高全天候服务水平；在空间方面，发展虚拟空间和拓展地下空间；在发展方式方面，建设绿色、循环、低碳经济。⑤增强社会文化的“软实力”。建设国际化城市，需要创造有利于国际化的制度环境。努力消除制约国际要素正常流动的体制机制障碍。培育城市的国际品质，增强城市文化的包容性和多元化，营造有利于国际移民、宜居宜业的社会文化环境。

提升国际化水平的战略重点，也要围绕增强滨海新区的集聚力、支撑力、承载力、辐射力以及软实力体制环境来下功夫（见图5－3）。

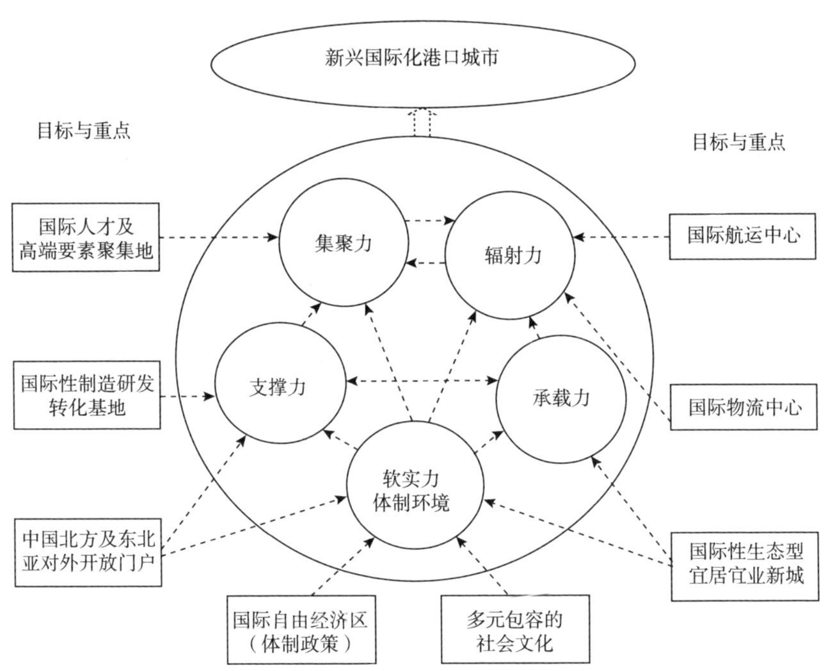

图5－3　滨海新区建设国际化港口城市的目标、思路与重点关系

第三节　突破口选择

我们认为，提升滨海新区国际化水平应当以建设“一个基地”、“两个中心”和“三个环境”作为突破口和战略重点。

一　建设“一个基地”——世界级现代制造研发转化基地

建设国际性制造研发转化基地和国际高端要素聚集地是建设国际化城市的重要支撑。提升本地产业国际竞争力，需要从提升自主创新能力这一内生因素入手，建设自主创新的领航区、高端产业的聚集区、体制改革与政策创新的先导区，在探索“创新驱动、绿色发展、内生增长”发展模式方面起示范作用等。建设高端产业聚集地，必须大力发展高新技术产业和战略性新兴产业，努力建设石油化工、新能源、航空航天三大世界级基地；电子信息、生物工程、汽车装备制造等五大国家级基地；轻纺、食品等两大区域级基地。建设国际性制造研发转化基地，必须加强企业孵化器建设——走多元化、市场化、效益化、专业化、资本化和国际化之路；与北京共建“京津创新圈”，建设东北亚重要的创新中心和成果转化基地；建设共性研发基地，探索具有滨海新区特色的自主创新之路，提高核心领域的自主创新能力、关键领域的集成创新能力、聚集产业领域的引进创新能力；以科技创新推动战略性新兴产业集聚，打造高端产业聚集区。

二　建设“两个中心”——北方国际航运中心和国际物流中心

建设国际航运中心和国际物流中心，也是滨海新区建设国际化城市的核心战略。它可进一步凸显和提升天津及滨海新区在中国经济格局、东北亚地区的战略地位；“两个中心”可相互促进，共同打造我国北方大进大出的对外开放门户；通过促进航运产业和物流产业的大发展，为滨海新区增强综合实力、建设世界级港口城市提供强大支撑和动力；可极大地促进现代服务业发展，增强滨海新区的区域服务功能，向更具国际影响力的国际化港口城市稳步迈进。本书建议，从四个方面来提升服务辐射能力，推进滨海新区国际航运中心和国际物流中心建设。一是从体制创新与国际接轨入手，打造我国开放度最高的自由贸易港“旗舰”；二是从打牢基础和增强软实力入手，增强国际航运中心和国际物流中心的承载集聚力；三是弥补短板，强化服务，加快服务业国际化进程，提升国际航运中心和国际物流中心的服务辐射力；四是打合作牌，联合作战，共建北方国际航运中心和国际物流中心。例如，加强海港与空港合作，以“双枢纽”助推“两个中心”建设；加强天津港与周边港口的合作，以“区域港口联盟”助推“两个中心”建设；加强天津港与内陆腹地以及与东北亚港口的合作，提升“两个中心”的区域辐射力和世界影响力等。

三　营造“三个环境”——体制开放、文化包容和生态友好

一是体制开放——以加快东疆保税港区建设为切入点，在全国率先建立起与国际接轨、高度开放的市场体制，在建设国际自由贸易区方面走在全国前列。东疆保税港区是天津建设北方国际航运中心和国际物流中心的核心功能区，也是国务院批准设立的国内功能最全、面积最大、政策最优、开放度最高的保税港区。根据世界自由经济区发展趋势和演化模式，即自由经济区从贸易型、服务型和科技型向综合型和跨边境自由经济区发展演化，以及国家对天津滨海新区发展定位，建议滨海新区采用开放型与封闭型相结合、复合型梯度发展的自由经济区发展模式。二是文化包容——营造适宜的社会文化氛围，是聚集国际高端要素、打造国际人才高地的基本前提。包括良好的法制环境及制度政策环境、包容性的多元文化氛围、宜居宜业的生活工作环境。三是生态友好——建成国际性生态宜居新城示范区。建设国际性、生态型宜居新城，既是打造国际人才高地和国际高端要素聚集地、建设高端产业聚集地、建设国际航运中心和国际物流中心的基本条件，也是滨海新区的定位目标之一。滨海新区要在全面践行绿色发展理念、转变发展方式、推动新区生态城市建设、促进经济社会与人口资源环境协调发展方面走在全国前列。

第三部分

路径探讨与战略重点

第六章　从科技创新入手打造国际性研发基地和高端产业聚集区

第一节　国际性研发基地和高端产业聚集区是国际化城市的重要功能和支撑

建设国际性研发基地，有利于增强滨海新区的科技创新能力、产业国际竞争力，是城市长盛不衰的发展动力。在现代经济中，科技创新是一个国家或城市创造能力的源泉和基础。科技创新能力的高低直接影响国家或城市经济实力的强弱。国际化城市需要有强大的现代高端产业做支撑，但仅仅依靠吸引外资、外企和技术贸易，企业在全球价值链上的升级和产业集群升级的潜力空间仍是有限的，而真正构成地方独特竞争优势的是基于本地知识体系和合作网络的自主创新能力。国际产业研发中心的建设，将有助于提升企业的创新能力，增强城市创新活力，增强滨海新区对外国直接投资（FDI）和研发（R&D）投资的吸引力，进而形成循环累积效应并最终提升城市竞争力。创新驱动也是一个城市增强国际竞争力和保持竞争活力长盛不衰的强大动力。按照美国著名学者迈克尔·波特提出的国际竞争力变化的四阶段学说，一个地区的经济成长大致分为四个依次递进的阶段：资源驱动阶段、投资驱动阶段、创新驱动阶段和财富驱动阶段。一般地，经济增长到一定阶段后，主要驱动力将由资源驱动和投资驱动转为创新驱动。国际化城市一般都是所在区域的先进技术的原发地、先导区和辐射源。建设国际性研发中心，有利于推动区域产业结构由劳动密集型或资本密集型的生产环节向智力密集型的研发和管理环节升级，并为先进的生产管理知识和技术向内地扩散转移和产业化创造条件，进而带动区域高起点快速发展。在经济和科技全球化过程中，随着世界范围内产业结构的调整，产业研发已成为国际经济中心城市的重要功能。研发环节处于产业价值链的最高端，是企业技术创新的核心环节。国际产业研发中心的建设将有助于激发产业创新活力，因而是提高城市创新能力和国际产业竞争力的重要途径。

建设高端产业集聚区，有利于增强滨海新区的内生发展水平和城市国际化的经济支撑力。如前文所分析，具有自主创新能力以及城市内生发展水平是国际化城市发展壮大的力量源泉和物质前提。建设高端产业聚集区有利于推动支柱产业高端化、新兴产业规模化、优势传统产业高级化，是构成现代产业体系、现代城镇体系和自主创新体系的重要载体。高端产业集群具有收益递增、节约成本的特征，不仅表现在产业规模效益递增和获得创新优势上，更体现在产业集群内集聚效应和合作协同效应的实现上。集聚区内的产业基本上处在同一条产业链上，彼此之间是一种既竞争又合作的关系，呈现横向扩展或纵向延伸的专业化分工格局，相互之间的溢出效应使得技术、信息、人才、政策以及相关产业要素等资源得到充分共享，聚集于该区域的企业因此而获得规模经济效益。同时，高端产业集群集中了大量创新型、知识型的专业化人才，这种高强度的技术、知识在集群内的流动及其溢出效应，必然会增强区域持续创新的能力，从而推动城市国际化。高端产业集聚区建设，还有利于经济发展方式的战略性转变。高端产业代表着现代产业发展趋势和结构调整方向，具有创新性强、先导性突出、成长性好的优势，能够大幅度提升经济发展的层次和水平，带动区域产业结构优化升级，增强区域经济发展的核心竞争力。

科技创新提升城市国际化水平主要通过促进产业升级、激发新的产业集群形成、实现产业的国家间集聚与扩散等机制和路径实现。首先，科技创新引发产业结构升级。高新技术发展迅猛，不仅加快促进城市传统产业的改造与升级，而且有些直接迅速转化为城市的高新技术产业，并占据城市主导产业的地位。其次，科技创新会激发新的产业集群形成。科技创新系统中存在大量的外部经济，还衍生出大量有价值的机会、信息等资源。这些衍生资源不仅在创新系统内可供所有的主体共享，而且可以向外部扩散，从而推动整个社会经济系统的进步。产业集群可以利用共同的交通、实验基地等基础设施，分享共同的信息资源，拥有共同的专业人才市场，共同吸引风险基金，可以相互利用对方的创新特长，互为创新成果的传播者和使用者。最后，科技创新能实现产业在国家间的集聚与扩散。一方面，技术创新城市充分利用其中心功能，吸引高新技术、高科技人才、资金、原材料、劳动力、商品、信息等优势资源和要素在区域内集聚。另一方面，技术创新中心城市通过创新机制和合理的产业结构，影响周围地区的产业结构和企业制度，以便推动传统产业技术进步。同时，创新城市企业的产品不但附加值和投资收益率高，而且产品的更新速度快，消费领域广，因而不断创造出新的消费热点和新的就业岗位，从而带动周围地区经济的发展。

第二节　滨海新区的国际性研发基地和高端产业聚集区建设已初见成效

一　新一轮科技革命和世界经济结构调整转型，为滨海新区建设国际性研发基地和高端产业聚集区提供了重要契机

在新一轮科技革命和后经济危机的时代背景下，世界经济结构正孕育深刻转型，发达国家着力于培育战略性新兴产业并创造新的经济增长点，生物技术、信息技术和纳米技术呈现融合发展的趋势。新一轮科技革命的重要契机，使滨海新区有可能以科技创新为核心，发展战略性新兴产业，形成以企业为主体、其他科研机构和高等院校共同参与的结构优化的创新系统，提升自主创新能力，提高对国内外高端资源的整合力、控制力和辐射力，走出一条科技创

新引领的城市国际化之路。

二 滨海新区担负着探索“创新驱动、绿色发展、内生增长”发展模式的重大使命

转变经济发展方式是新阶段中国经济发展的根本要求和主线。滨海新区是我国区域经济发展新的增长极，负有在全国探索“创新驱动、绿色发展、内生增长”的发展模式、发挥引领和示范作用的重大使命。国家战略要求滨海新区必须充分发挥在自主创新方面形成的优势和辐射、示范引领作用，带动区域在高新技术产业发展、自主创新体系建设和转变经济发展方式等方面做出贡献。滨海高新区作为产业基础雄厚、在新能源领域具有较强竞争能力的区域，要充分发挥资源、产业和功能优势，在全球新一轮战略性新兴产业竞争中抢占一席之地。滨海新区要积极推进港口城市与新兴产业融合发展，重点打造创新实力强劲、生态环境优美、产业基础雄厚、城市配套齐全的滨海科技城。

三 滨海新区高端高质高新化的产业结构基本形成，已经成为国家重要的高新技术承接地和产业化基地

天津滨海新区作为国家战略重点和新经济增长极，承担着推动京津冀和环渤海区域经济振兴、促进东中西部互动和全国经济

协调发展的历史性重任，而以创新为先导，不断优化滨海新区的产业结构是促进滨海新区经济高效、协调发展的根本所在。目前，在科技创新方面，滨海新区的专利申请已经形成了以实用新型专利为主、发明专利次之、外观设计专利为辅的比较科学的知识产权结构。在基因药物、信息安全产品、新一代移动通信终端、民航机电产品、膜材料、海水淡化装置、电动汽车、无缝钢管等高端技术方面拥有了一大批具有自主知识产权的技术和产品，滨海新区本地自主创新能力在迅速增强。在现代产业发展方面，滨海新区正在以科技进步和自主创新为动力，积极推进经济发展方式的快速转变，形成了以航空航天、石油石化、汽车及装备制造、电子信息、新能源新材料等高端制造业、现代服务业为重点的八大优势产业，高新技术产业总产值占全市的比重近80%，占全区工业总产值的比重为48%，初步建成15家国家级科技产业化基地，经认定的高新技术企业有653家，占全市的比重达到72%。维斯塔斯、诺和诺德、中兴通讯、大唐电信、大运载力火箭、空客A320等国内外知名高科技企业或高端项目先后落户滨海新区，培育了赛象、力神、曙光等一批自主创新龙头企业。总体来说，天津高端高质高新化的产业结构已经基本形成，成为我国重要的高新技术承接地和产业化基地。图6-1是滨海新区制造研发转化基地分布示意图。

图 6-1　滨海新区制造研发转化基地分布

第三节　建设国际性研发基地和高端产业聚集区的基本思路与路径

滨海新区通过打造国际化研发基地和高端产业聚集区，自主创新能力显著增强，成为自主创新的领航区、国家重要创新平台和跨国公司研发中心的聚集地、高端产业的聚集区、体制改革与政策创新的先导区，基本建成高水平制造业与研发转化基地，开放型、国际化、独具特色的国家创新型城区。滨海新区通过打造国际化研发基地和高端产业聚集区，实现高端产业集群区在全球价值链中新的定位，努力在价值链高端构筑核心竞争优势，或者通过价值链的跨越向价值链高端发展。通过自主创新、自主发展，或吸引国际直接投资承接国际产业转移，或对传统产业进行高端化改造等方式，实现产业集群区的升级，在全球价值链上，积极向“微笑曲线”的上方移动，即向研发、设计、营销方向拓展。具体措施如下。

一　创新研发机制，建设研发创新平台

对滨海新区来说，建立一个统一管理的、资金和技术力量较为集中的共性研发基地十分必要，是建设制造研发转化基地的当务之急。首先，组建专门的技术研发与转化工作管理机构，建立专门的信息网络中心。为了突出研发与转化基地的特点，滨海新区首先应该改变研发工作多头管理，科研、生产相互脱节的状况，可以在原有科研管理机构的基础上，在新区内创建统一的专门的技术研发与转化工作管理机构。搭建信息网络资源共享平台，并使之在新区内各研发基地共享，这既可以为科研人员提供国内外最新、最全的前沿研发资料，又可以使研发人员在共享信息之后得到更多的创新思路。其次，加快研发创新平台建设。重点建设包括大学、研发机构、科研院所、大型企业在内的联合研发中心以及公共研发平台。主要包括：工业基础技术研发平台、工业先进技术研发平台、人才培养与培训平台，以及面向行业的共性技术研发与测试平台、科技

资源与信息服务平台等。吸引一批跨国企业在滨海新区建立研发机构，鼓励国内大型企业设立研发部门，集中包括中央单位在内的优势研发资源，建立一批具有国际一流研发环境的专业性研发基地，搭建产业发展所需的科技资源共享平台、网络科技环境平台和面向行业的共性技术研发与测试平台等科技平台系统，为企业提供有力的公共技术支撑和服务支撑。再次，建立多元化的研发投资新体制。滨海新区要想构建共性研发基地，无疑要加大科技投入。要大力促进新区内企业加大对技术创新的投入，企业研发费用占销售收入的比例应达到国际评价标准，并在基础研究、应用研究、实验发展和研究发展成果应用等科技活动中形成合理的经费投入比重，通过组织实施高技术研究等科技计划，支持新区培育产业优势和发展潜力。通过火炬计划等引导企业增加技术创新资金投入，制定的各类科技计划等政府调控措施应向滨海新区倾斜。新区每年按规定将科技三项费用纳入财政预算，用于扶持重点科技项目、科技创新服务体系、特色产业基地建设等。同时，鼓励和支持企业通过担保、风险投资、上市等进行融资，增加技术创新投入。

二　做强研发服务业，完善技术转移服务体系

以服务项目为纽带，支持大企业、大集团与产业链上相关中小企业结成研发服务联合体，共同面向行业内企业开展研发服务。实施“研发服务企业培育计划”，重点培育一批创新能力强、技术实

力突出、具有一定行业影响力的研发服务企业。积极推进各类研发服务基地建设，加快研发服务和高技术产业聚集区建设，促进研发服务资源集聚发展。实施“研发服务需求对接”和“研发服务全国路演”活动，支持研发服务企业开拓国际、国内研发服务市场。以促进增加技术市场额为核心，构建和推进技术交易促进机构、技术转移促进机构、技术转移人才培训基地、交易服务机构为一体的体系建设。支持高校院所建立面向产业需求的新型产业技术研究院，建设一批高校院所技术转移中心，建成中试开发、技术转移、成果孵化、股权激励等体制机制创新的重要载体。深入实施开放实验室工程，鼓励开放实验室主动挖掘企业发展需求，积极开展合作。

三　充分整合利用全球创新资源，提升研发国际化水平

吸引跨国公司、国际知名研究机构和实验室、国际学术组织和产业组织在滨海新区设立总部、研发中心和分支机构。鼓励有实力的企业在境外设立研发机构或开展国际并购。支持企业依照国际市场需求进行产品开发，建立海外市场渠道，开展国际品牌推广。推动有条件的企业在美国、英国、日本等主流国际资本市场和新加坡、韩国、中国香港等新兴资本市场上市融资。鼓励龙头企业开展海外布局，在欧、美、日等发达国家和地区建立研发基地和分支机构，充分利用对外援助、双边与多边合作、国际组织项目等方式，依托国家软件出口基地、科技兴贸创新基地的扶持政策和政策性金

融机构服务，承接国际工程项目，出口高技术产品和服务。建设国际研发转移交付平台，鼓励面向全球市场的软件服务外包、生物技术研发外包等先进服务贸易。抓住研发成果实现环节，拓展研发成果转化途径，加强产学研合作，建立技术交易中心，积极推进研发成果和技术成果转移。鼓励跨国公司向示范区企业进行技术转让，推动跨国公司技术成果在滨海新区实施产业化。

四　营造创新软环境，探索具有滨海新区特色的自主创新之路

加快构建创新创业的服务体系、创新人才的培养体系和创新文化的传播体系。完善创新创业环境；深化科教合作，探索创新人才培养的模式和机制；在全社会培育勇于探索、敢为人先、开放包容的创新文化，在全社会形成理解创新、支持创新、服务创新、参与创新的良好风尚。积极探索具有滨海特色的自主创新道路，第一，提高滨海新区核心领域自主创新能力。滨海新区的优势产业应通过原始创新形成具有自主知识产权的核心技术，不应只停留在跟踪、模仿国际先进技术的阶段。作为全国发展战略布局中的国家级新区，滨海新区应该大力加强与国家有关部门和中国科学院、中国工程院等国家级科研机构的科技合作，争取更多的科技攻关计划在滨海新区得以实施。为此，应当按照“有所为，有所不为”的原则，前瞻性地筛选出具有区域特色或优势、能够解决高新技术产业发展或传统产业改造的核心问题的重点科研领域，如信息技术、信息安

全、生物技术、现代医药、海水淡化、纳米材料等，开展基础研究和应用基础研究工作。第二，提高关键领域的集成创新能力，加快产业带动性大的重点产品开发。在现代科技发展中，相关技术的集成创新以及由此形成的竞争优势，往往远远超过单项技术突破的意义。滨海新区要以市场需求引导研究开发，通过产、学、研结合和项目、基地、人才一体化及促进各种相关技术有机融合等措施，努力实现关键技术的突破和集成创新，形成具有市场竞争力的产品。为了推动滨海新区经济和社会的快速发展，要从经济和社会可持续发展的重大需求出发，选择汽车和装备制造、石油化工、精细化工、现代冶金、应用软件等领域进行集成攻关，开发一批产业带动性大、市场竞争力强的重点产品。第三，提高产业集群区领域的引进创新能力，实现自主创新的跨越式发展。根据目前我国的科技、经济发展水平，今后相当长的时间内我国仍然要坚持在引进、消化和吸收国外先进技术方面多下功夫，要站在跨国公司这个“行业巨人”的肩膀上，推动自主创新在高水平上的发展。作为外商投资高新技术产业的主要聚集地区，滨海新区应认真研究跨国公司在华技术发展战略的变化趋势，鼓励跨国公司与中方企业合资设立研发机构，提高电子电气、芯片设计、现代医药、民航科技、环境保护等领域的引进创新能力。第四，与北京共建“京津创新圈”，建设东北亚重要的创新中心和成果转化基地。与北京共建“京津创新圈”，“京津创新圈”要按照“优势互补、互惠互利，市场导向、政府推动，整体规划、分层次推进”的原则加快进行；要充分发挥京津地区智力资源密集、科技互补性强、制造业基础深厚、高新技术产业发展迅速的优势，推进科技资源相互开放和共享，支持各类科技创新机构的联合与共建。共同打造以京津为核心的环渤海区域科技创新体系，旨在提升区域科技创新能力，增强辐射和集聚功能。建设东北亚重要的创新中心和成果转化基地。第五，加强知识产权开发与管理。建立符合国际规范的创新成果知识产权保护措施，鼓励全国乃至国际研究人员在滨海新区进行知识转移工作。

五　以科技创新推动战略性新兴产业集聚，打造滨海新区高端产业聚集区

作为国家发展战略，滨海新区应以功能区开发建设为载体，以大项目、好项目引进建设为抓手，加快建设一批世界级、国家级、区域级产业基地，打造高端产业聚集区。首先，打造战略性新兴产业集群。滨海新区应紧跟世界技术和产业发展趋势，完善“精确制导”的扶持政策，打造战略性新兴产业集群。以云计算、物联网等新兴信息通信技术为主攻方向，加快发展新一代移动通信产品、高端通用芯片和大型应用软件。增强国际生物医药联合研究院的辐射功能，培育以医药研发外包、生物药品等为主的生物医药产业集群。促使新一代运载火箭产业化基地、诺维信生物医药、正天医疗器械、力神迈尔斯动力电池等一批项目竣工投产；加快建设富士康西区生产基地、友达光电二期、高银笔记本电脑、富通光纤预制棒等一批项目，推动战略性新兴产业在短期内形成产业规模。其次，做大做强优势产业。推动石油化工向精细化工、轻纺、建材等下游

产业链延伸；壮大汽车及高端装备制造业；巩固和扩大现代冶金、电子信息产业；着力发展粮油、食品饮料、农产品深加工等食品工业，努力形成产业集群优势。最后，拓展提升现代服务业。完善国际贸易与航运中心功能，加快建设海港、空港、开发区等八大物流园区，增强流通加工、货运代理、展示交易等功能；积极发展股权投资基金、融资租赁、担保公司、国际保理等新型金融业态，形成现代金融服务体系；依托开发区现代服务产业区、空港经济区、中心商务区、中新生态城等区域，大力发展总部经济；加快服务外包示范园区建设，推动现有服务外包企业扩大规模；促进旅游产业增强实力，积极发展邮轮经济和游艇产业，加快建设中澳皇家游艇、宝龙欧洲公园、海斯比游艇城等项目。

六　以产业集群为依托，打造国际性制造业基地

发展载体依托功能区和工业园区，围绕航空航天、石油和化工、装备制造（含汽车、现代冶金）、电子信息、生物医药、新能源新材料、轻工纺织、节能环保八大主导产业，打造八大国际性制造业基地，形成16个产业集聚区和12个产业集群。八大国际性制造业基地包括：①航空航天产业基地：主要包括空港经济区、开发区西区和滨海高新区（滨海科技园）组成的航空航天产业集聚区。②石油和化工产业基地：主要包括南港工业区石油和化工产业集聚区；大港石油和化工产业集群。③装备制造（含汽车、现代冶金）产业基地：主要包括临港经济区重型装备制造产业集聚区、开发区

汽车产业集聚区和南港工业区现代冶金产业集聚区。南港工业区是以石化设备为特色的重装产业集群、开发区、空港经济区轻型装备制造产业集群。④电子信息产业基地：主要包括开发区电子信息产业集聚区、空港经济区电子信息产业集聚区和滨海高新区电子信息产业集聚区；中新天津生态城软件及信息服务产业集群。⑤生物医药产业基地：主要包括滨海高新区生物医药产业集聚区和开发区生物医药产业集聚区，以及空港经济区生物医药研发转化及制造集群。⑥新能源新材料产业基地：主要包括滨海高新区新能源产业集聚区和轻纺经济区新材料产业集聚区，以及开发区新能源产业集群、临港经济区新能源产业集群（风电、核电装备）、中新天津生态城新能源应用示范产业集群和开发区综合性新材料产业集群。⑦轻工纺织产业基地：主要包括临港经济区粮油产业集聚区、轻纺经济区轻工纺织产业集聚区、开发区食品加工产业集聚区和中心渔港水产品加工集群。⑧节能环保产业基地：主要包括中新天津生态城、开发区现代产业区、茶淀工业区等联动组成的北部节能环保产业集聚区。

第七章　从提升服务功能入手构建国际航运中心和国际物流中心

第一节　建设国际航运中心和国际物流中心是建设国际化港口城市的核心战略

建设国际航运中心和国际物流中心，可进一步凸显和提升天津及滨海新区在中国经济格局、东北亚地区中的战略地位。国际化城市的本质是在全球城市等级体系中具有重要节点地位并拥有对世界经济的影响力和控制力。国际化港口城市往往是国内市场与世界大市场高度关联的世界市场链条体系的中心环节。在经济全球化和信息化的背景下，基于全球城市网络的国际化城市，主要不是依靠它所拥有的东西，而是通过流经它的东西来获得财富和控制力。国际化港口城市不仅看总量，更重要的是看流量，流量就是控制力，交易量就是影响力。国际化港口城市所拥有的巨大国际资源交易量和流量，主要是通过其作为国际航运中心和国际物流中心来实现的，它是国际化城市发挥其国际资源配置功能、连接国内外经济枢纽桥梁作用的重要载体，也是提升其城市在全球城市等级体系中地位的重要途径。天津要建设的国际航运中心和国际物流中心，应具备主动参与全球资源和生产要素在全球范围内流动与配置的核心功能，由此带动区域内的国际贸易、国际航运和国际物流高度聚集，实现货流、资金流、信息流在滨海新区汇聚，带动中国北方地区经济发展。

建设国际航运中心与国际物流中心，可形成相互促进、双轮驱动之势，共同打造我国北方大进大出的对外开放门户。国际航运中心一般是依托世界一流深水大港，发挥综合协调、服务和交易等功能的国际枢纽，是国际集装箱多式联运的干线枢纽港和中转港，是国际物流配置分拨仓储加工的临海综合基地。从功能来看，国际航运中心一般集口岸功能、产业功能、贸易功能、物流功能、信息功能等多种功能于一体。国际物流中心是指处于国际港口或机场的枢纽地位，具有完整的物流环节、开放的物流政策、高效的通关环境、现代的物流信息技术和广阔的市场腹地，并能将物流管理、信息控制和增值加工等功能一体化运作的国际物流枢纽[①]。国际航运中心和国际物流中心是两个紧密联系的统一体。国际枢纽港的大发展，进出口贸易的大幅增加，可为国际物流中心的建设提供重要的物质基础。而国际航运中心，同样离不开国际物流中心的支持。因为在航运中心之争的背后，起支撑

---

① 郝寿义等主编《滨海新区开发开放与涉外经济》，南开大学出版社，2012，第215页。

作用的是物流之争。如果没有强大的物流做保障，航运中心将会变为无源之水。实践证明，现代国际物流业具有很强的辐射力和带动力，对提升地区的服务功能具有重要作用。天津是面向东北亚的重要窗口，天津港是我国陆域距欧洲和中西亚最近的港口，是连接欧亚大陆桥的重要枢纽，也是吞吐量位居世界第五的综合性深水大港。推进两个“中心”建设，可形成相互促进、双轮驱动之势，有利于加快建成中国北方对外开放大进大出的门户。

建设国际航运中心和国际物流中心，通过航运产业、物流产业的大发展，可为滨海新区增强综合实力、建设世界级港口城市提供强大支撑和动力。例如，航运产业，已发展成为一个从满足船舶装卸、停泊、供应服务到提供航运金融、法律、保险等业务的完整产业链。航运产业涉及的行业达几十个，如基础产业方面涉及船舶运输业、港口装卸业、港口建筑业、港口地产业、航运制造业等；服务产业方面涉及船舶代理服务业、船舶检验业、船舶管理业、港口物流业、航运环保业等；衍生产业方面涉及航运金融保险业、海事法律仲裁、航运信息与咨询业、航运教育与培训业、公证监督等。又如，现代物流业，更是集运输、储存、保管、分拣、装卸、搬运、配载、包装、加工、单据处理、信息传递、结算等多个产业环节以及贸易、展示、货运代理、报关检验、物流方案设计等延伸功能于一体的完整产业链，而且产业发展呈现系统化，信息化，专业化，仓储运输现代化，物流与商流、信息流一体化等趋势。建设国际航运中心，必将带动众多与航运、物流相关的产业发展，并将形成产业集群效应，为滨海新区发展注入强大动力。

建设国际航运中心与国际物流中心，将极大地促进现代服务业发展，增强滨海新区的区域服务功能，向更具国际影响力的国际化港口城市稳步迈进。现代服务业的发展水平是衡量区域服务功能的重要标志。Friedmann（1986）就指出，世界城市的形成过程就是“全球控制能力”（Global Control Capability）的生产过程，而且这种控制能力的产生充分表现为少数关键部门的快速增长，包括企业总部、国际金融、全球交通和通信、高级商务服务。目前现代服务业主要包括两大类。一类是伴随工业化的展开而加速发展的服务业，也叫补充性服务业，如银行、证券、信托、保险、基金、租赁等现代金融业，设计、开发、装饰、物业、交易等房地产业，会计、审计、评估、法律服务等中介服务业。另一类是工业化后期大规模发展起来的新兴服务业，如移动通信、网络、传媒、咨询等信息服务业，教育培训、会议展览、国际商务、现代物流等新兴行业。正如前文所分析的，无论是航运产业，还是现代物流业，作为完整的产业链，本身就包含了众多现代服务行业。以建设国际航运中心与国际物流中心为契机，不断延伸产业链条和完善产业环节，必将带来滨海新区现代服务业突飞猛进的发展，有利于弥补短板，增强区域服务功能，对提升城市的国际影响力和控制力意义重大。

第二节　建设国际航运中心和国际物流中心的基础、优势与挑战

天津滨海新区具有成为国际航运中心和国际物流中心的独特优势。正如前文所分析的，以港兴城、港兴城荣是国际化城市发展的共同之路和重要依托。位于海上、陆上的交通枢纽，扼守国际贸易通道的咽喉，这一条件往往是不可再生、不能复制的。目前，世界上吞吐量达亿吨以上的大港只有 9 个。拥有世界级大港的国家或城市，充分发挥港口优势，以港口为依托，集聚经济实力，扩散经济能量，就有可能逐步走向世界经济中心的舞台。经过二十几年的建设，天津港航线通达世界 180 多个国家和地区的 400 多个港口，拥有 63 条国际集装箱航线，是连接中国北方与世界多个国家和地区的枢纽。依托天津港和正在扩建中的滨海国际机场，依托通达快捷的陆上交通网，依托京津冀两市一省及广阔的内陆腹地的支撑，加之与韩国、日本隔海相望，与中亚、西亚陆路交通最便利，天津滨海新区发展成为国际航运中心和国际物流中心具有独特优势。

国际航运中心和国际物流中心建设加快，对外开放的门户作用显著增强。在国际航运中心建设方面，天津港 25 万吨级深水航道、30 万吨级原油码头、太平洋集装箱码头、天津机场一期工程和空港物流园区等重点工程相继竣工。2011 年天津港货物吞吐量达 4.5 亿吨，集装箱吞吐量达 1158 万标箱，其中 70% 的货物来自天津以外的华北、西北地区，已成为世界第五大港口、国内第三大综合性

深水大港。现代综合交通体系初步形成，开通了满洲里、二连浩特、阿拉山口3条欧亚大陆桥集装箱班列，服务辐射能力进一步增强。在国际物流中心建设方面，天津港保税区建立了中国首家空港国际物流区，成为中国北方最大的国际贸易窗口和国际物流大进大出的绿色通道。东疆保税港区实现封关运作，亚洲规模最大的邮轮母港投入使用，红酒、乳制品等一批交易市场正在形成。第三方物流发展势头良好，聚集了大批优秀的物流企业，其中跨国物流企业50多家，初步形成了集聚效应，促进了天津物流市场的发展。在探索涉外经济体制改革方面，近年来，滨海新区以东疆保税港区建设为平台取得积极进展，建立了统一的保税物流联动机制和联合审批服务信息系统，试行营业税免征和启运港退税政策，“一站式、一条龙”的海关服务高效便捷。“大通关”体系不断完善，与北京海关等22个海关签订“属地申报、口岸验放”合作备忘录，推行“三集中”检验检疫业务改革，极大缩短了综合通关业务办理时间；在内陆地区建设21个无水港，实现港口功能覆盖11个内陆腹地省市口岸，服务功能不断向内陆省市延伸。在已有保税区、出口加工区、保税物流园区、保税港区的基础上设立综合保税区和保税物流中心，成为海关特殊监管区种类最齐全、功能最完整、政策最配套的地区之一。[①]

滨海新区与世界级国际航运中心和国际物流中心相比还有不小

---

① 杨钊、孙洋、李晅煜：《天津滨海新区“十大战役”与“十大改革”的实践与思考》，《环渤海经济瞭望》2012年第3期。

的差距。一是港口规模化不足。据研究[①]，世界级港口的年集装箱吞吐量一般在2000万标箱以上，2011年上海港、新加坡港、香港港、广州港集装箱吞吐量分别达到3150万标箱、2994万标箱、2422万标箱和1413万标箱，天津为1158万标箱。2010年天津、上海物流业增加值分别为798.1亿元和2210.3亿元，天津还不及上海的1/3。天津港国际贸易货类以大宗散货为主，国际集装箱班轮密度相对较低，其他货类在国际海运贸易中所占份额很小。机场旅客吞吐量规模较小。2011年北京机场旅客吞吐量为7867.5万人次，广州为4504.1万人次，上海为7455.9万人次，香港为4900万人次，伦敦为6800万人次，纽约为4600万人次，东京为9400万人次，天津仅为755万人次。二是港口的服务功能尚未充分发挥，国际影响力较弱。滨海新区多年来一直以发展制造业为主，第三产业规模小、比重低。滨海新区的现代服务业发展相对滞后，特别是现代生产型服务业严重不足，在国际金融、贸易和信息等服务方面的作用尚未充分发挥。港口整体的服务理念、服务水平与世界自由贸易港的差距明显。三是天津港的集疏运条件也极大地限制了港口功能的提升。在集疏运能力方面，与上海港所拥有的黄金水道长江不同，天津港只能依靠周边公路和铁路的输运能力来提升港口的通过能力。与国内一些亿吨大港相比，天津港码头整体通过能力不足，如外贸船舶在港停留时，由于港方原因非生产性停泊时间过长。特别是随着吞吐量的快速提升，一方面港区周边道路的承载能力受到严重考验，另

---

① 参见天津市发改委《天津建设北方经济中心指标体系研究》，2010。

一方面，一些不合理的限制通过措施，又进一步降低了港口的运营效率，这些已成为天津港向世界一流大港迈进的制约因素。

建设国际航运中心和国际物流中心面临环渤海诸多港口的激烈竞争。一是面临周边港口的竞争。曹妃甸港、京唐港、黄骅港等港口正在不断地进行大规模的开发建设，以提升港口规模等级。这些港口的迅速崛起，对有着共同内陆腹地的天津港而言，造成了极大的货源分流和市场竞争。二是面临环渤海地区几大“亿吨大港”的竞争。继2001 年 11 月天津港率先成为“亿吨大港”之后，大连港、秦皇岛港、青岛港先后步入中国北方“亿吨大港”的行列，环渤海地区成为中国“亿吨大港”最密集的区域。与此同时，中国的四大集装箱码头，有三个正在这一地区加紧扩建，环渤海地区正在出现一个集装箱集散中心。但各港口停留在低水平的重复建设上，整体的布局和贸易结构基本雷同。三是大连港、青岛港等都在冲刺世界大港和东北亚国际航运中心，频出大手笔，滨海新区不进则退。如大连船舶交易市场揭牌、大连国际航运仲裁院挂牌、率先发布东北航运指数等，使国际航运中心的建设更加丰满。大连港航产业基金成立，标志着大连市对支持港航业发展的投资创新有了实质性的进展。大连港全力打造环渤海大件转运基本港，汽车码头“上汽中转库”正式投入使用。大窑湾保税港区主打国际物流牌，参照釜山等港口运作模式，推进冷藏中转业务发展。目前，已有俄罗斯、日本等国的远洋捕捞冻品货物，进入大连保税港区开展保税仓储和中转业务，并开拓了冷藏水产品岸边直转业务等。大连港这种发展势头不可小视。

第三节　从完善服务功能入手推进国际航运中心和国际物流中心建设

本书认为，应从四个方面来创造条件，提升滨海新区的服务辐射能力，推进国际航运中心和国际物流中心建设。

一　从体制创新与国际接轨入手，打造我国开放度最高的自由贸易港“旗舰”

自由贸易区是当今世界上开放度最高、自由化度最高、集散辐射服务功能最强、参与国际竞争实力最强、经济发展最具活力的地区。国务院对《关于天津北方国际航运中心核心功能区建设方案》的批复中明确指出：“推进东疆保税港区船舶登记、国际航运税收、航运金融和租赁业务试点，深化综合配套改革，加快天津北方国际航运中心建设步伐。”用5～10年时间，基本完善国际中转、国际配送、国际采购、国际贸易、航运融资、航运交易、航运租赁、离岸金融服务等功能。可以说，国家对东疆保税港区给予的政策，是我国目前在支持国际航运业发展中，支持力度最大、政策覆盖面最广、系统性最强的政策支持。把东疆保税港区建设成为我国开放度最高的自由贸易港区，进而带动中国北方对外开放，是滨海新区建设国际化城市的最大资本和优势所在。滨海新区应以建设北方国际航运中心和国际物流中心为契机，推进外贸、航运、物流、口岸、金融、外汇等多方面管理体制改革。从完善航运、物流、通关、金融等港区功能方面入手，进一步与国际自由贸易港区通行做法接轨，在国际船舶登记制度、国际航运税收政策、航运金融试点、租赁业务等方面实现创新突破。加快吸引聚集现代航运金融服务产业，树立飞机、船舶、融资租赁等现代服务品牌，力争在服务理念、管理体制、制度建设、基础设施、产业结构、发展规模以及战略作用等诸多方面走在全国保税港区前列。探索海关特殊监管区域管理体制创新，实行“境内关外、一线放开、二线管住、区内自由、入港退税”的特殊海关监管政策，力争早日建成自由贸易港区。借鉴新加坡经验和国际通行做法，运用自由贸易港区的特殊海关监管政策和管理体制，推动国际中转、国际配送、国际采购、国际转口贸易和出口加工等业务发展，提升天津港在环渤海地区的中转港竞争能力。运用最高层次的对外开放形式，来带动周边和整个北方地区的扩大对外开放。

二　从打牢基础和增强软实力入手，增强国际航运中心和国际物流中心的承载集聚力

加快港口四通八达的交通网络和集疏运体系建设、发展海陆空一体的多式联运是当务之急。国际航运中心所在城市都有公路、铁路、水运、航空等多种运输方式的相互配合，组成一个便捷顺畅的立体集疏运系统，以确保各类货物迅速、准时地分拨和配送。如前

文所述，天津港码头机械设备、自动化控制及船舶供应与管理等设备的总体水平已经达到先进港口水平，但码头通过能力不足，集疏运能力亟待改善。滨海新区应按照建设国际港口城市和世界一流大港的标准，除了高质量和高水平建设好东疆港区、南疆散货物流中心、北疆集装箱物流中心等重点项目以外，应注重天津公路、铁路等重点交通项目，构筑通达内地城市的快速货运集散网络，建立海陆空一体的多式联运体系，发展过境运输，建设国际陆港，推进亚欧大陆桥建设，形成国际物流中心。

注重发展国际班轮航线和周边腹地的集装箱航班。世界一流大港的最大优势就是拥有众多国际班轮航线。上海洋山港的运费尽管非常高，但国内外货物还要走洋山港，就是因为它的国际班轮航线多，这是它的核心竞争力所在。滨海新区一方面要畅通与周边地区和腹地的联系，与腹地省会城市普遍建立“无水港”，使港口功能向腹地延伸，扩大港口对外开放，增加集装箱月航班量；另一方面要充分发挥欧亚大陆桥东部桥头堡的作用，进一步扩大同周边国家，特别是日本、韩国的经济合作，增加国际班轮航线，尽快建成面向东北亚、辐射中西亚的国际集装箱枢纽港和我国北方最大的散货主干港。

注重航运产业集群发展和新的航运产业开发。航运产业具有国际化和集群发展的突出特点。目前，随着滨海新区产业结构的整体升级，天津港正在着力发展港口装卸业、国际物流业、港口地产业和港口综合服务业四大产业，努力在港口直接产业、港口关联产业、港口依存产业和港口派生产业上实现升级，打造现代港口经济。本书认为，尤其应注重港口物流业和邮轮旅游业的发展。发展港口物流业，有利于通过货物的集聚效应带动资金流、物流和信息流向港口区域集聚，从而促进港口的发展。游轮旅游业，能带动交通运输、船舶制造、港口服务、商务商业、休闲旅游、餐饮、购物、银行、保险等多个行业的发展。在推进航运产业集群发展的过程中，需要注重开发和培育新的产业增长点。这样既有利于提升国际化水平，还有利于增强航运中心的综合实力，增强滨海新区的区域服务辐射能力。

注重市场、法律、政策和文化等“软实力”建设。本书认为，软实力建设包括几个方面。一是发达的市场建设及完善的法律环境。一个成功的国际航运中心的建设，背后必须有一个成熟和发达的国际航运市场。即该市场的市场交易量较大，市场交易客体必须丰富，市场交易机制必须公开、公正、公平，市场交易信号必须全面、及时、准确，市场交易行为必须规范。同时，国际航运中心必须为参与国际航运交易活动的各方主体提供一个开放和完善的政策法律环境，这就需要建立起一套与之相匹配的国际航运政策体系。借鉴香港经验，滨海新区在建设国际航运中心和国际物流中心的过程中，应注重发挥市场配置资源的基础调节作用，重视培育国际化商品交易市场，重视经济立法。二是发挥好政策的推动作用。国际航运中心战略不仅需要若干政策的支撑，而且战略本身就蕴含着一系列的政策资源，要挖掘好、运用好、发挥好政策资源效应，这是航运中心软实力最集中的体现。应优化港航政策环境，瞄准国际和国内一流目标，面向国内外两个市场需要，以宽阔的视野和崭新的思路，建立起一套完善的政策体系。三是注重文化软环境建设。国际化城市往往是国际移民的集散地，具有人口的多样性和文化多元性特征。既富有地方特色，又拥有开放的多元文化，有利于形成一个宽松的文化氛围，吸引国际高端人才，提升国际化程度，也有利于增强地方的吸引力和国际影响力。大连港在建设国际航运中心过程中，倡导和繁荣航运文化的思路和做法值得学习和借鉴。它们提出要通过举办国际海运大连年会、中国航海日及大连航海日活动、国际海事展览、国际航运大连图书展、国际海洋大连文化电影节等系列活动，逐步形成具有国际影响力的航运文化节和国际论坛；依托大连海事大学加快培养复合型高端航运人才；筹建“大连东北亚国际航运中心研究所”，加快引进高水平航运人才，积极开展国际交流合作，扩大影响力；创建大连东北亚国际航运中心航运会所，建立航运经济论坛、船东俱乐部、经纪人俱乐部、海事律师俱乐部等，为航运业精英人士提供商务休闲娱乐、行业信息交流等活动平台。

三　弥补短板，强化服务，提升国际航运中心和国际物流中心的服务辐射力

抓住世界服务业国际转移的契机，加快服务业国际化进程。如前文所述，滨海新区现代服务业发展相对滞后，特别是生产性服务业尚不能适应区域服务功能的需要。而当今世界服务业国际转移趋势明显，第三产业中的金融、保险、旅游和咨询等服务业已成为当

前国际产业转移的重点领域。因此，应抓住这一契机，积极承接国际服务业转移，加快服务业国际化进程，为整个北方对外开放提供很好的服务平台。同时，要利用毗邻首都北京的地缘优势和滨海新区的产业和政策优势，最大限度地利用国际化港口城市优势，实现公司地方总部及商业、文化设施在滨海新区集聚，拓展国际会展、文化创意和国际交流等功能。

注重发挥现代金融对航运中心和物流中心的推动作用。现代服务业的核心部分是现代金融业。以金融促航运，发展航运金融中心，是通过金融创新与航运产业融合，促进贸易繁荣、航运业发展的有效途径，且航运融资已日益成为体现各全球航运中心核心竞争力的高端产业。目前，天津滨海新区在创建渤海、船舶等产业投资基金，集聚私募股权基金，发展航运融资、航运租赁等方面，已经走在全国前列。在建设国际航运中心和国际物流中心的过程中，仍需要通过金融创新与实体经济的融合，增强对航运产业、物流产业以及相关企业的金融支持和服务，形成能量巨大的经济功能体系，包括贸易功能、商务功能、投资功能、风险管理功能、产业聚集与整合功能、财富聚集功能等，从而带动国际贸易、国际航运和国际物流在天津滨海新区的高度集聚和发展。

注重以信息化推动国际物流中心的发展。现代物流业发展目前已呈现出系统化、信息化、专业化趋势，仓储运输的现代化与综合体系统化趋势，物流与商流和信息流一体化趋势等等。滨海新区要建设的国际物流中心，应具有交通体系完善、口岸功能突出、产业环节衔接、物流政策开放、物流要素集聚、市场运作规范等特征。

现代信息技术在实现物流、商流、资金流、信息流的有机统一中起到重要技术支持和组织保障作用。以信息化推动国际物流中心发展，可达到减少物流成本、提高运营效率、完善功能配套、延伸产业链条、促进区域协调发展的目的。滨海新区要积极培育一批运营规范、有影响力的知名物流企业，注重发展第三方、第四方物流，在税收优惠、规费减免、财政支持等方面，为物流企业发展提供支持。注重整合物流信息资源，建立公共物流信息平台，优化物流市场运营环境。从长远看，创建公平竞争、规范有序的市场环境，是保障现代物流业健康快速发展的基础。政府应加紧制定物流行业标准和服务质量标准，营造规范有序的物流市场。支持、鼓励重点物流企业加快信息化建设，发挥大型物流企业市场聚集和核心带动作用，有效地对社会分散的运输、储存、装卸、搬运、包装、流通加工、配送、信息处理等基本功能进行整合，运用先进的信息技术和供应链管理手段实施一体化运作，打造国内外知名的物流品牌。

四　打合作牌，联合作战，共建北方国际航运中心和国际物流中心

建设北方国际航运中心和国际物流中心，需要以世界眼光、战略思维，站在国家和区域发展的战略高度，突破行政区划界限，整合各方资源和利益，加强内外合作，包括天津港与京津空港的合作，与周边港口的合作，与华北、西北等中西部腹地的合作，与东北亚港口的合作等，借助区域整体力量来实现。

加强海港与空港合作，以“双枢纽”助推“两个中心”建设。从世界经济发展规律看，一个现代化的经济、金融和贸易中心城市，一定拥有强大的国际枢纽航空港。据国际权威机构测算，民航投入和产出比率是1∶8。国际机场协会（ACI）研究认为，中国机场每百万旅客吞吐量，可以产生的经济效益达18.1亿元，相关就业岗位5300多个。空港不仅是推动地方经济增长的动力源泉，而且空港和海港联手构建的海陆空立体交通网络和集疏运体系，更是建设国际航运中心和国际物流中心的基础和保障。海港与空港的合作，有利于提升“海港、空港”双枢纽地位。因此，天津港首先应加强与天津滨海国际机场的紧密合作，通过改造扩建，使其成为我国北方航空货运中心和客运干线机场。其次，要加强与首都国际机场的合作，特别是应抓住北京建设第二国际机场的契机，主动与北京进行海港、空港、公路、铁路以及其他交通运输方式的无缝对接，构建京津冀海陆空立体交通体系、集疏运体系和物流体系。以区域国际一流空港为建设北方乃至东北亚国际航运中心和物流中心提供强大引擎。

加强天津港与周边港口的合作，以“区域港口联盟”助推“两个中心”建设。港口是沿海地区的特殊资源，各自为政、重复建设、相互竞争资源的发展模式，已经严重制约港口建设的总体水平，与建设国际航运中心目标相差甚远。在经济全球化和一体化的今天，全球港航业之间存在着广泛的竞争与合作关系。单个港口的力量是有限的，港口之间的联合进而发展为联盟形式，有助于提高港口竞争力。因此，发展“组合港”日益成为全球重要经济区港口的主流模式。例如，辽宁港口、山东港口都在打“组合港”牌，加快了港口整合的步伐。辽宁省沿海的锦州市、大连市、丹东市、营口市、盘锦市、葫芦岛市6市政协建议：取消各市政府对港口管理的权限，设立辽宁港口管理委员会，承担全省港口规划管理职能；组建辽宁港口集团，由辽宁省港口管理委员会协同港口集团，按照组合港模式和高标准、高效率的要求，制定辽宁港口一体化发展规划，把辽宁港口建设成核心港，与腹地“干港”形成大东北集疏运一体化的现代化新型港口群，尽早实现东北亚国际港目标。其中，要充分发挥大连港口优势，实现以大连为龙头，营口、锦州、丹东等为支撑的功能齐全、优势互补的港口群；加强与天津、青岛等地合作，形成科学合理的分工格局，共同做大国际市场份额。与辽宁和山东不同，天津港与周边河北诸港口（如河北曹妃甸港、京唐港、黄骅港、秦皇岛港等）分属不同的行政区划，但走联合之路是必然趋势。可以考虑组建“区域港口联盟”，通过协商整合港口资源，统筹京津冀大滨海港口基础设施规划建设，形成分工互补、合作共赢的格局；充分发挥天津港综合型世界深水大港的龙头作用和大滨海港口群整体优势，共同建设由世界级港口群支撑的北方国际航运中心和国际物流中心。

加强天津港与内陆腹地的合作以及与东北亚港口的合作，提升“两个中心”的区域辐射力和世界影响力。应充分发挥天津港作为欧亚大陆桥重要桥头堡的地位和作用，加快天津港在华北和中西部地区建设内陆无水港的步伐，优化铁路、公路等运输线路，争取国家政策支持，给予内陆无水港运力、运价、税收、启运港（含内陆无水港）退税等方面的政策扶持，探索港口和保税功能向内陆地区延伸，以带动中西部地区协调发展。同时，加强天津港与东北亚港口的合作也极具必要性。一方面，天津港要建设北方国际航运中心和国际物流中心，需要扩大货源；另一方面，需要降低航运成本，扩大国际中转量。据不完全统计，我国每年有近400万标箱通过韩国釜山中转，大大分流了国内港口的国际中转箱量，包括东疆港在内的天津港国际中转量有待提高。天津港所处区位远离国际航线，且港口的吞吐能力不够，使其国际航运成本高于上海港和深圳港。因此，加强与东北亚港口合作，为天津港进出的货物提供中转服务，扩大天津港国际中转量，是建设国际航运中心和国际物流中心、提升区域辐射力和世界影响力的有效途径。

第八章　从体制环境入手打造国际人才高地和高端要素聚集地

第一节　建设国际化城市需要提升国际高端要素聚集能力

世界城市的一个重要特征是具有聚集配置全球资源并创造财富、影响全球经济的能力。它们一般是跨国公司的集聚地，高端人才的聚集地，国际商贸等全球组织的聚集地，是具有国际意义的生产要素聚集和配置的战略中心。它们这种对世界经济的影响力和控制力，主要来自它们对国际高端要素的聚集能力，并通过要素集聚转化为财富实力和辐射能力。著名的城市学家科恩认为，衡量国际性城市的关键是“跨国银行指数”和“跨国公司指数”，资本、生产和商品的国际化流动是最根本的因素。所以，一般国际性都市内都有国际金融机构和跨国公司总部或分支机构大量云集。

在聚集国际高端要素中，国际人才的集聚是关键。在当今时代，国家或城市间竞争，其核心归结于人才的竞争。全球化最主要的特征是生产要素的流动性，其中最重要的就是人才的流动。聚集大量的国际化人才，是城市增强国际竞争力的主要动力和重要途径。世界城市往往是所在国及其更大区域的首位城市，拥有众多人口，特别是拥有大量的高端、领军、统帅型人才，是国家或地区的政治中心和政府所在地，具有良好的创业和居住环境，能吸引所需要的高端人才，能不断创造出新的行业，因而是创造新技术、新思想、新时尚、新价值观和新文化的中心，始终具有引领世界经济、社会、文化各种潮流的能力。随着知识经济的发展和经济全球化浪潮席卷世界，国际化人才日益成为综合国力中最重要的战略资源之一，国际化人才越来越成为推动世界经济和社会发展的核心支撑与关键所在。

吸引国际核心要素聚集，有利于增强滨海新区财富创造能力和为国际社会提供服务的能力。在聚集国际化人才方面，新加坡堪称典范。在新加坡的从业者中，三分之一是来自海外的人才。而“总部经济”为新加坡聚集国际人才创造了条件。新加坡跨国企业中有4000多家在当地设立全球或区域总部。对滨海新区来说，建设国际化城市，首先要做的是吸引全球更多的高端产业、资本、技术以及国际化人才，通过吸引这些核心要素，来增强滨海新区对周边地区的辐射能力，增强城市财富创造能力和为国际社会提供服务的能力。

第二节　聚集国际高端要素需要营造适宜的制度政策文化环境

良好的法制环境及制度政策环境是国际化城市必须具备的条件。新加坡作为一个城市国家，称得上是全世界国际化程度最高的城市之一，与纽约、伦敦、东京齐名。在 1965 年建国以后短短半个多世纪中，新加坡已发展成为一个国际人流、资金流、物流乃至知识流的枢纽，成为全球化链条上的一个重要节点，被誉为世界城市经济发展史上的一个奇迹。同时，新加坡也被国际公认为是一个法治国家，这不仅仅因为其建立了一套完整的法律体系，法律关系渗透到国家、社会、家庭各个方面，更由于其法律的权威性和执法的严肃性。在法律面前人人平等，任何人触犯法律都逃避不了制裁。此外，在制度政策方面，新加坡为了吸引人才，不仅为外国员工提供良好的公共服务，提供宜居、宜业的环境，也提供保障外国员工权益的各项制度。如新加坡的劳工法对所有员工一视同仁，并规定硬性工资标准。政策的透明和可预测是投资环境稳定的基础，保护知识产权更是现阶段法制环境建设的重要内容。对中国来说，建设国际化城市，还需要具有与国际经济接轨的市场运行环境。因为无论是聚集国内外高端要素，还是建设国际航运中心和国际物流中心，都需要接受国际市场供求关系的调节，根据国际市场的需求变化来安排生产、经营，才有可能成为连接国内外经济的桥梁和枢纽。

包容性的多元文化氛围是国际化城市具有魅力和吸引力的软实力体现。文化是城市的灵魂和魅力所在，文化感召力是城市软实力的核心内容。国际化不仅是经济“硬实力”的反映，更是社会“软”环境的营造，包括法治环境、城市管理、政府服务、人文环境，让世界不同肤色的人愿意来旅游、度假、工作、创业、居住。正如国家创新与发展战略研究会副会长吴建民所说：“所谓国际化城市，简单来说，就是地球村村民都愿意来的地方。”拥有包容性的多元文化氛围，是吸引海外人才、增强城市认同感的重要条件。在人文环境营造方面，新加坡的多元文化策略颇为成功。它能够将东西方文化融会贯通，打造具有全球视野的“国际社会”，不同文化背景、不同国度的人来到新加坡，很容易调整和适应。深圳在建设国际化城市过程中，也提出要营造开放包容的文化氛围和多元文化共存的氛围，以及移民城市海纳百川的城市品质。

营造宜居宜业的工作生活环境是留住高端人才的重要条件。一些专家认为，国际化城市必然是适宜创业、适宜发展、充满机遇的城市，否则也就无法体现其国际资源集聚和配置功能。国际化城市不能仅仅是一个单纯的工作城市，而更应该是工作与生活完美结合、相互促进的城市。一座真正具有魅力的国际化城市，还必须要有国际通行的标准，包括规则、语言、环境。从国际化的角度看，所谓宜居环境意味着这个城市的公共服务、医疗服务、居住教育条件等让世界不同地方来的人不感到陌生。深圳为吸引国际和国内高端人才，提出要做到“三宜”，即宜居、宜业、宜行。宜居就是生活质量和生活便利的居住环境，意味着外来的高端人才能够寻找到适宜的住处；宜业，就是能提供良好的就业环境，有高端职位和较多的发展机会；宜行是指出入境便利，不仅仅为外国人，也要为我国海归人才提供出入境的便利和自由。营造国际化的语言环境，也是国际化城市的基本条件。在新加坡，语言的多样性是其全球化的又一体现。由于华人、马来人、印度人共居于一个社会，新加坡的官方语言就有汉语、马来语、印度语（泰米尔语）和英语四种，但英语是通用的行政语。为了与国际贸易和世界科技发展接轨，新加坡政府从 1970 年开始就推行双语教学，使新加坡人具有了别国国民所难以具备的双语优势。

第三节　从完善体制环境入手打造国际人才高地和高端要素聚集地

一　近年来滨海新区对国际化人才和跨国公司的吸引力和凝聚力在逐渐增强

近年来，滨海新区通过大量的引才引智和招商引资工作，国际化人才队伍和跨国公司总部基地建设不断探索创新，取得了一定成绩。滨海新区国际化人才队伍建设和跨国公司总部基地建设已具备了一定基础，国际化人才和跨国公司引进政策环境不断优化，在国际上正逐步树立广纳天下英才和吸引跨国公司积极入驻滨海新区的形象，对国际化人才和跨国公司的吸引力和凝聚力逐渐增强，滨海新区正成为继北京、上海、广州之后，“海归人才”和跨国公司一个新的空降着陆点。在吸引国际化人才方面，滨海新区于2008年出台了《关于加快滨海新区人才高地建设的意见》，明确提出要建设与国际接轨的人才管理改革试验区，使新区真正成为全国开放程度最高、创新活力最强、创新成果最丰富的国际人才高地之一。2010年，滨海新区启动了五大人才工程，即科技人才领航工程（到2015年，要累计引进、培养科技创新创业领军人才50名，科技精英人才1000名，高层次科技从业人员1.2万名）、海外人才灯塔工程（到2015年，要累计引进100名国际一流科学家和创新创业领军人才，500名海外精英人才，1500名高层次海外从业人员）、企业人才旗舰工程（到2015年，造就能够引领企业进入中国企业500强的战略企业家25名，引进、培养300名经营管理精英人才和5000名高层次经营管理从业人员）、技能人才蓝海工程（到2015年，要累计引进培养具有较强专业操作技能和丰富生产实践经验的高技能人才24万名，其中技师、高级技师4万名）、服务人才港湾工程（到2015年，累计引进培养服务业领军人才25名，服务业精英人才300名，高层次服务业从业人员3000名）。在吸引跨国公司总部方面，出台了《天津滨海新区鼓励支持企业发展的指导意见》和《天津滨海新区鼓励支持发展现代服务业的指导意见》，从企业税收优惠、财政支持、融资扩展、政府服务、社会服务、注册资金补助、房屋租金补助、聘任的境外和国外高级管理人员个人所得税奖励等多方面提供优惠政策。

二　滨海新区在聚集国际化高端要素方面还存在差距和问题

滨海新区在聚集高端要素方面虽然取得了一定的成绩，但是滨海新区要提升国际化水平，还须进一步推进人才的国际化，加快引进跨国公司总部基地，解决当前存在的一些不足。如与北京相比，滨海新区的高端化国际人才仍相对缺乏，在滨海新区工作的外籍人员和留学归国人员数量较少，吸引留住海内外人才的环境氛围还有待优化。2009 年在北京中关村工作的港澳台和外籍人员总数达到 7608 人，是天津滨海新区的 18 倍。截至 2009 年底，中关村内由留学归国人员创办的高新技术企业达到 5000 多家，从业的留学人员超过 1 万人，天津滨海新区的留学创业人员不足中关村的 1%。滨海新区在世界 500 强企业入驻数量上还远落后于浦东新区和深圳两地，2010 年滨海新区有 109 家跨国公司入驻，同期，浦东新区有 458 家跨国公司入驻，深圳也有 180 家跨国公司入驻。

三　滨海新区打造国际化高端要素聚集地的对策建议

完善相关法律制度和政策体系，为国际化高端要素的聚集提供制度保障。滨海新区已经制定了一系列吸引国际化高端要素的政策，但这些政策多体现在操作层面，尚未形成相应的法律制度，因此，在实践中变数较大，缺乏稳定性和长期性。本书认为，国际化高端要素的聚集不仅需要灵活的可操作的政策，更需要长期稳定的法律、制度作为保障。首先，要完善相关的法律制度。应学习新加坡的法制国家建设经验，建立与市场经济体制相匹配的法律体系，与国际社会接轨，形成尊重法律的权威性和严肃性，在法律面前人人平等的社会环境。在制度建设方面，重在完善资本管理、人才引进与使用、工资标准、知识产权保护、跨国公司管理等制度建设，为国际化高端要素的聚集创造一个公平竞争的法律制度环境。其次，应继续发挥好政策的推动作用，完善跨国公司自由营运政策和人员流动自由政策等。建设国际化高端要素的聚集高地是一项长期的发展战略，不仅需要若干政策的支撑，而且战略本身就蕴含着一系列的政策资源，要挖掘好、运用好、发挥好政策资源效应，在现有财政、税收、金融等优惠政策基础上，优化完善政策体系。再次，要进一步健全和完善滨海新区国际化高端要素聚集的发展规划，以增强建设国际化高端要素聚集高地的计划性、前瞻性和主动性。在国际人才发展状况调研基础上，制定详细的天津市和滨海新区国际化人才未来发展规划，把国际化人才建设的重点放在引进滨海新区优先发展产业急需的创新和科研人才上，特别是引进拥有自主知识产权，能够推动滨海新区重点产业、重点行业和关键技术实现跨越式发展的科技领军人才；培养和引进滨海新区重大项目开工建设和产业结构调整急需的高级经营管理人才和高级专业技术人才。最后，创新人才工作体制机制，推进人才国际化。完善和落实人才引进、培养、使用、评价、流动、激励等政策措施，营造充满活力、富有成效、更加开放的人才环境。建立健全以品德、能力、贡献、业绩为导向的人才评价体系，完善股权激励机制，形成有利于人才创新创业的分配制度和激励机制。

建设包容性的多元文化氛围，提升滨海新区的城市魅力和对国际化高端要素的吸引力。国际化城市往往是国际移民的集散地，具有人口多样性和文化多元性特征。倡导既富有地方特色，又拥有开放的多元文化，营造一个宽松的文化氛围，以吸引国际高端人才，提升国际化程度，增强地方的吸引力和国际影响力。大连港在建设国际航运中心的过程中，倡导和繁荣航运文化的思路和做法值得学习和借鉴。大连提出要通过举办国际海运大连年会、中国航海日及大连航海日活动、国际海事展览、国际航运大连图书展、国际海洋大连文化电影节等系列活动，逐步形成具有国际影响力的航运文化节和国际论坛；依托大连海事大学加快培养复合型高端航运人才；筹建“大连东北亚国际航运中心研究所”，加快引进高水平航运人才，积极开展国际交流合作，扩大影响力；创建大连东北亚国际航运中心航运会所，建立航运经济论坛、船东俱乐部、经纪人俱乐部、海事律师俱乐部等，为航运业精英人士提供商务休闲娱乐、行业信息交流等活动平台。滨海新区在历史上属于单一文化色彩浓厚的区域，多元文化基础十分薄弱。近年来，随着滨海新区开放程度的提高，跨国企业入驻和外籍员工的增加，异域文化刚开始生根发芽。为了聚集国际化高端要素，滨海新区亟须增强文化的多元性和包容性，应在一些特定区域，如在外籍人士相对集中分布的城市街区、道路和购物、娱乐、餐饮、旅游等场所，使用国际通用的双语标识，有规划地建设一些具有多元文化融合特色的功能性建筑，如餐厅、酒吧、演出中心、俱乐部等；不断完善城市公共服务设施及文化设施的便捷性、舒适性和无障碍化建设等，为国际移民和企业创造一种亲切、自然、有归属感的环境，使滨海新区成为国外移民的第二故乡。

努力打造适于创新创业的工作环境，为国际化高端人才聚集提供能够施展才能的舞台。国际化高端人才聚集是一个国际城市最为核心的竞争力，而宜居宜业，则是吸引国际化高端人才聚集的重要条件。本书认为，滨海新区打造宜业环境应突出以下内容。一是建设国际一流的科研平台，为国际化人才提供能够施展才干的舞台。统筹科技资源，建设人才创新创业基地和研发及转化机构。支持企业与高校、科研院所联合协作，共建共享，推动相关工程研究中心、重点实验室、工程实验室、企业技术中心建设。二是创建具有发展活力的科研学术环境。例如，发挥各级实验室、大学科技园等产业技术转移平台的支撑作用，鼓励高校、科研院所的科研团队带项目整体转化；选择若干个处于前沿科技领域，科研人才资源丰富的高校、科研院所，试点实行新的科研机制，推行聘用制度和岗位管理制度，支持科研人员自主选题、自主聘任科研团队、按照规定自主使用研究经费；鼓励高层次人才根据科研工作需要，在企业、高校、科研院所之间合理流动，支持其在科研成果转化中取得合法收益等。三是建设高层次人才的创业支持体系。建设全新的创业孵化机制，形成从创业项目植入到转化发展的全过程服务体系，为“海归”人才创业和推广新产品提供服务和空间；新建若干海外学人科学园，探索多种形式的科研成果孵化模式；统筹考虑现有科研布局和科技资源情况，推动创意实验室建设，配设科研设备、实验助手等，为滨海新区各类尖端项目的深化研究提供服务平台；高层次人才创办的企业在滨海新区建设总部、研发中心和产业化基地，可根据项目研发生产的需求，代建实验室、生产厂房等基础设施，以租赁方式供企业使用，政府给予一定的租金补贴，企业可适时回购等。四是健全与国际接轨的创业金融服务体系。大力引进和聚集各类投资机构，推动股权投资机构和股权投资管理公司在滨海新区发展。健全完善吸引境内外风险投资的工作体系，着力加强对各类国际资本的开发利用。建立健全以股权投资为核心，投保贷联动、分阶段连续支持的新机制，形成政府资金与社会资金、股权融资与债权融资、直接融资与间接融资有机结合的科技金融合作体系。建立创业企业改制、代办股份转让、在境内外上市的扶持体系。稳步推进非上市股份公司公开转让工作，构建企业改制上市培育工作体系。推动银行信贷专营机构和小额信贷机构的设立和发展，加快金融产品和服务的创新。五是全面增强产业发展对高层次人才的吸附效应，促进高层次人才集群式发展。鼓励海外高层次人才领军产业技术联盟建设，创制技术标准、攻关共性关键技术，抢占产业价值链条的高端。设立“高层次人才创新创业基金”，以政府直接投资、出资入股、人才奖励等方式，吸纳社会资金投入，支持高层次人才科研成果的产业化。六是完善高层次人才发展的服务体系。吸引聚集一批国内外知名的人才中介机构，健全专业化、国际化的人才市场服务体系和公共服务体系。加快建设滨海新区知识产权制度示范园区，加强知识产权行政与司法保护，优化“海归”人才的发展环境。成立专门的服务机构，研究制定特殊办法，在担任领导职务、承担科技重大项目、申请科技扶持资金、参与国家标准制定、参加院士评选、申报政府奖励等方面，为“海归”人才提供良好条件。

建设文明和谐、环境优美的宜居环境，为吸引高端人才提供高品质的生活保障。国际化城市在吸引全世界顶尖人才方面所提供的不仅仅是商业机会，还包括便利的公共配套服务设施，营造和谐宜居、环境优美的人居生活环境。欧美国家城市居住条件好，吸引世界各地的人才纷纷前往。上海、深圳等城市都非常注重通过改善居住条件吸引优秀人才。滨海新区在建设宜居环境方面应突出以下工作。一是为外来人才提供更加开放和多样化的住房政策，持续、有效地控制CPI，特别是住房价格。提升住房品质，优化房型结构，发展环保节能建筑，使高端人才享有适当的住房。二是努力削减污染排放以及提高食品监管法规等措施，保证空气、水源和食品安全。三是改善城市文化环境，满足精神需求。提供更多的艺术馆、剧院、博物馆等文化设施，保护滨海新区自身的历史传统文化，形成有吸引力的文化品牌。四是发展优质的医疗与健康服务，提升健康保证水平。五是加强环境和生态保护，建设更多的公园、绿地，使得环境更加美好。六是优化交通与电信基础设施建设，使滨海新区成为海内外人才的首选工作地点。七是在户籍管理、子女教育、配偶工作、出入境管理等方面提供配套服务。

第九章　从国际接轨入手向国际自由经济区迈进

第一节　由自由贸易区到国际自由经济区——将城市国际化推向深入

一　国际自由经济区是自由贸易区的高级形态

广义上说，自由经济区是设区国为达到一定经济目的，通过特殊的经济政策和手段而开辟的与其他地区隔离的特别经济区域。从世界范围来看，自由经济区类型不同，名称也各异，如自由港、国际航空港、码头地区、边境区、转口区、转口自由区、仓库和转口区、自由贸易区、对外贸易区、自由区、自由带、自由关税区、免税贸易区、自由边境区、保税区、保税仓库、出口自由区、工商自由区、自由工业区、出口加工区、投资促进区、科学工业园区等。

自由经济区是自由贸易区的高级阶段。自由经济区可以划分为7个主要的类型，即贸易型自由经济区、制造业型自由经济区、服务型自由经济区、科技型自由经济区、综合型自由经济区、跨边界自由经济区及跨国区域经济一体化。在自由经济区的演化过程中，一些自由经济区发挥了突出作用。例如，在第一阶段时的汉堡自由港；在第二阶段时的香港自由港、香农和高雄的出口加工区；在第三阶段时的深圳经济特区和硅谷；在第四阶段时位于新加坡、马来西亚和印度尼西亚之间的跨边境增长三角以及德国、荷兰和比利时交界的跨边境经济合作区。因此，自由贸易区属于自由经济区发展的某一阶段或一种区域空间组织，国际自由经济区是自由贸易区的高级形态。

二　加快东疆保税港区建设，提速滨海新区自由贸易区步伐

天津东疆保税港区是天津滨海新区重要的特殊经济区，是国务院批准设立的国内功能最全、面积最大、政策最优、开放度最高的保税港区，是北方国际航运中心的核心功能区，对于滨海新区建设自由贸易区至关重要。2011 年 5 月 13 日，国务院下发的《关于天津北方国际航运中心核心功能区建设方案的批复》和 2011 年 5 月 19 日国家发改委下发的《关于印发天津北方国际航运中心核心功能区建设方案的通知》，就明确了天津东疆保税港区将拥有国际船舶登记制度、国际航运税收、航运金融业务和租赁业务四大权责，并要求尽快展开政策创新试点。

除了国家给予该保税区的四大创新试点政策，天津市政府还给

予了三大政策支持：一是具体细化国家给予的“境内关外”政策；二是天津市政府给予特有的“财政支持”政策；三是东疆保税港区自身给出的“财政支持”政策。这些优惠政策为目前国内其他保税港区尚未具有或不完全具有。随着各项政策的逐步到位和功能的日趋完善，目前东疆保税港区已成为国内外企业关注的焦点。东疆保税港区建成后，将重点发展国际中转、国际配送、国际采购、国际贸易、航运融资、航运交易、航运租赁、离岸金融等业务，并率先开展具有中国特色的自由贸易区的改革探索。图 9－1 和图 9－2 分别是天津市东疆保税港区区位图和遥感影像图。

图 9－1　天津市东疆保税港区区位

图 9-2　天津市东疆保税港区一角（遥感影像图）

三　推动滨海新区由自由贸易区逐步扩展成为国际自由经济区

自由经济区目标演化往往和类型演化相联系。自由经济区从贸易型、服务和科技型自由经济区向综合型和跨边界自由经济区发展演化。一般而言，发达国家多贸易型、科技和服务型自由经济区，因此，多具有微观目标。而发展中国家多制造业型和综合型自由经济区。国家对天津滨海新区的发展定位为：依托京津冀、服务环渤海、辐射三北、面向东北亚，建成高水平的现代制造和研发转化基地、北方国际航运中心和国际物流中心，宜居的滨海新城。按照空间布局方案，滨海新区将重点建设先进制造业产业区、滨海高新技术产业区、滨海化工区和南港工业区、中心商务商业区、海港物流区、临空产业区和海滨休闲旅游区等区域。对比经济自由区的各个发展阶段，可以看出，滨海新区的定位正是复合型国际化经济自由区。随着经济自由区建设的不断推进，滨海新区的国际化水平也日趋提升。

第二节　滨海新区自由贸易区的各项能力和水平测度

一　滨海新区自由贸易区特征模型及指标体系建立

（一）自由贸易区特征模型建立

本书依据自由贸易区具有目标效用性、政策开放性和自由性、功能开发性和环境优越性 4 大基本特征，以及已有的自由贸易区相关特征模型，建立了自由贸易区特征评价模型（见图 9－3）。

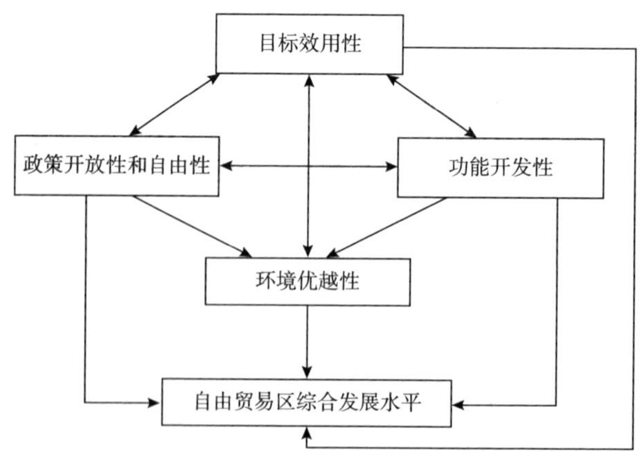

图 9－3　自由贸易区特征评价模型

模型中共有4个特征要素：①“目标效用性”是自由贸易区的本质特点，即指建立自由贸易区预期取得的目的与成效。②“政策开放性和自由性”是自由贸易区区别于其他普通经济区的基本特征，是自由贸易区实现目标的政策手段。开放性和自由性是贸易自由和企业经营自由的基本要求，是自由贸易区成功实现的关键要素。其基本特征是货物、资金、服务和人员流动自由和企业经营自由。③“功能开发性”是自由贸易区目标实现的产业手段和物质载体。以物流、贸易、金融、咨询和旅游休闲等服务业为主导产业，加工制造业一般处于辅助产业。尽管严格说“功能服务性趋向”不是自由贸易区的本质特征，但和其他类型经济区相比，这种高度依托港口和交通枢纽的服务化产业特征也是自由贸易区区别于其他经济区的一个突出特点，因此也将它作为自由贸易区基本特征之一。功能开发的程度反映了自由贸易区的发展水平，成功的自由贸易区一般具有高度发展的产业作为其发展动力和依托。④“环境优越性”包括港口码头等基础设施硬环境以及海关和企业运营管理等软环境，是自由贸易区建立与成功运营的支撑条件。目标效用性、政策开放性和自由性以及功能开发性必须要以优越的环境作为载体与平台，才能够得到充分的体现。目标效用性、政策开放性和自由性、功能开发性和环境优越性4个要素相互影响、相互制约，最终决定了“自由贸易区综合发展水平”。自由贸易区的效用性、开放程度和自由程度越高，各项功能越健全，环境越优越，其综合发展水平也越高。“自由贸易区综合发展水平”不仅用以衡量自由贸易区总体发展状况，而且可作为最终评价天津滨海新区各保税区发展水平的依据。

（二）滨海新区自由贸易区评价指标体系的建立

自由贸易区的4个本质特征作为一级指标，其二级指标主要含义可概括如下：①目标效用性——扩大自由贸易；增加财政收入；创造就业机会；引进外资和技术；改革效应。②政策开放性和自由性——一线放开，二线管住，区内不干预；出入自由；投资自由；货物运输自由；金融自由；企业经营自由。③功能开发性（服务性）——以服务产业为主，制造业为辅；服务功能开发完善。④环境优越性——区位优势显著；基础设施发达；优惠政策诱人；运营环境便利。

根据自由贸易区二级指标特征拓展细化，建立三级评价指标体系（见表9-1）。为了量化表达，上述自由贸易区4大特征可以用“目标效用度”、“政策开放和自由度”、“环境优越度”和“功能开发度”表示。

表9-1　自由贸易区评价指标体系及权重

一级指标	二级指标	三级指标
目标效用度 X_1（0.2141）	贸易成果 X_{11}（0.2636）	进口贸易额 X_{111}（0.5000）
		出口贸易额 X_{112}（0.5000）
	就业成果 X_{12}（0.0902）	雇佣工人 X_{121}（0.7500）
		入区企业数 X_{122}（0.2500）
	经济收益 X_{13}（0.3730）	政府税收收入 X_{131}（0.7500）
		国内生产总值 X_{132}（0.2500）
	引资成果 X_{14}（0.1846）	吸引外商投资 X_{141}（0.2500）
		实际利用外资 X_{142}（0.7500）
	制度创新 X_{15}（0.0886）	改革效应 X_{151}（1.0000）

续表

一级指标	二级指标	三级指标
政策开放和自由度 X_2（0.5638）	贸易自由 X_{21}（0.5147）	内外销比例控制 X_{211}（0.0895） 境外货物自由入区 X_{212}（0.2583） 区内货物自由出境 X_{213}（0.2583） 区内货物自由处置权 X_{214}（0.0714） 区内货物存储限制 X_{215}（0.0714） 海关对区内企业稽查 X_{216}（0.1728） 海关货物备案的控制 X_{217}（0.0391） 海关监管电子化水平 X_{218}（0.0391）
	投资自由 X_{22}（0.1897）	投资行业限制 X_{221}（0.2064） 投资国别限制 X_{222}（0.2064） 最低投资额限制 X_{223}（0.2064） 投资股本比例限制 X_{224}（0.2064） 雇佣本国劳动与员工福利限制 X_{225}（0.1088） 区内零售业 X_{226}（0.0655）
	金融自由 X_{23}（0.1897）	结算币种自由选择 X_{231}（0.2333） 外币自由汇兑 X_{232}（0.2333） 资金自由进出 X_{233}（0.3002） 自由选择外币存储机构 X_{234}（0.2333）
	人员进出自由 X_{24}（0.1060）	免签证国家数量 X_{241}（0.3509） 落地签证国家数量 X_{242}（0.3509） 办理居留手续难度 X_{243}（0.1893） 国内居民进入手续难度 X_{244}（0.1088）
环境优越度 X_3（0.1482）	区位优势 X_{31}（0.4866） 基础设施 X_{32}（0.2244） 运营管理 X_{33}（0.1460） 优惠政策 X_{34}（0.1430）	地理位置 X_{311}（0.5401） 运输通达性 X_{312}（0.2969） 区域经济发展水平 X_{313}（0.1630） 运作面积 X_{321}（0.3455） 区内硬件设施 X_{322}（0.3455） 中介代理机构 X_{323}（0.0988） 金融机构 X_{324}（0.2102） 行政效率 X_{331}（0.3426） 商务运营成本 X_{332}（0.3426） 信息渠道 X_{333}（0.2088） 生态环境保护 X_{334}（0.1060） 税收优惠 X_{341}（0.5393） 信贷优惠措施 X_{342}（0.2974） 开放内销市场的优惠政策 X_{343}（0.1633）

续表

一级指标	二级指标	三级指标
功能开发度 X_4（0.0739）	产业发展 X_{41}（1.0000）	物流分拨业的发展 X_{411}（0.2802） 加工制造业的发展 X_{412}（0.1786） 中介服务业的发展 X_{413}（0.0783） 进出口贸易的发展 X_{414}（0.2318） 商务展览业的发展 X_{415}（0.0783） 离岸金融业的发展 X_{416}（0.1529）

二　层次分析法应用及模糊评价模型的建立

本书选用模糊综合评价法与 AHP 方法相结合来对滨海新区自由经济区进行评价。以模糊评价法为基础建立起数学模型，并在专家对各级指标两两比较打分后，采用 AHP 法计算权系数，采用问卷调查的方法收集数据，再根据已设计好的评价模型，计算出天津滨海新区的综合发展水平评价值。

根据表 9－1 的自由贸易区评价指标体系，采用逐级上评的思路，首先建立模糊评价模型。该模型共有一级总目标层和三级指标层：①X 为评价总目标——“自由贸易区综合发展水平”；②X_i 为一级指标层各指标，设 W_i 为一级指标的权系数；③X_{ij}为二级指标层各指标，设 W_j 为二级指标的权系数；④X_{ijk}为三级指标层各指标，设 W_{ijk}为三级指标的权系数。第一层 1 个总目标项，第二层 4 个指标项，第三层 14 个指标项，第四层 51 个指标项（见图 9－4）。

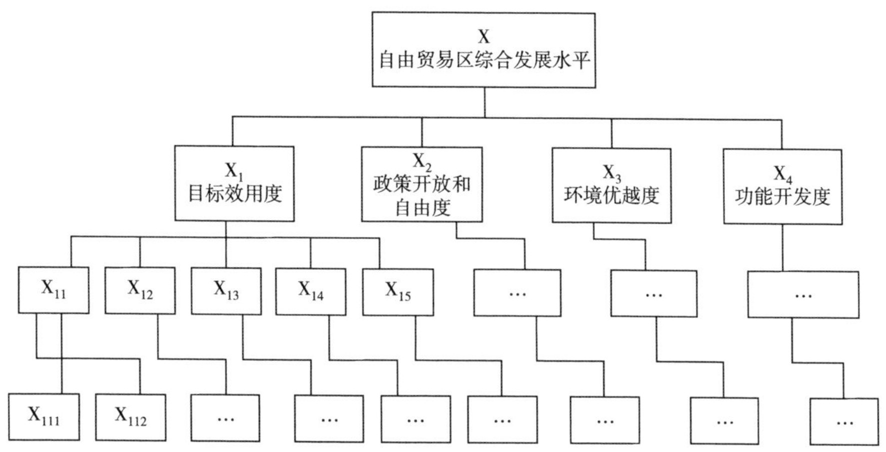

图 9-4　天津滨海新区保税区综合发展水平评价

（一）最终结果

本书中选用2009年香港自由贸易港区为参照对象，将其相关经济指标作为2009年天津滨海新区各保税区指标的衡量值①。对天津滨海新区“自由贸易区综合发展水平 U”总目标进行评价计算，结果如下：

$U = W_1U_1^* + W_2U_2^* + W_3U_3^* + W_4U_4^* = 0.5821$（见表 9-2 和图 9-5）。

---

① 由于数据的可获得性，本书只以 2009 年香港自由贸易区的数据作为参照对象。近两年天津滨海新区取得了长足的发展，统计评价结果应更为乐观，但总体上不影响对滨海新区的相应分析。

表9－2　天津滨海新区各保税区一、二级指标的计算结果

<table>
<tr><th>U</th><th>一级指标</th><th>U*</th><th>二级指标</th><th>U*</th></tr>
<tr><td rowspan="4">0.5821</td><td>目标效用度</td><td>0.45815</td><td>贸易成果
就业成果
经济收益
引资成果
制度创新</td><td>0.08877
1.00000
0.47404
0.58940
0.66514</td></tr>
<tr><td>政策开放和自由度</td><td>0.6052</td><td>贸易自由
投资自由
金融自由
人员进出自由</td><td>0.63299
0.72577
0.56998
0.38327</td></tr>
<tr><td>环境优越度</td><td>0.6936</td><td>区位优势
基础设施
运营管理
优惠政策</td><td>0.87750
0.65934
0.62517
0.58540</td></tr>
<tr><td>功能开发度</td><td>0.54237</td><td>产业发展</td><td>0.5423</td></tr>
</table>

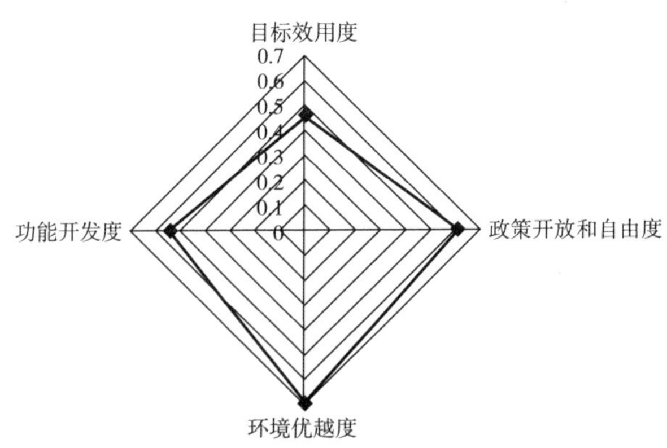

图9－5　滨海新区自由贸易港区综合发展水平

（二）评价结果与分析讨论

如前文所述，天津滨海新区各保税区“综合发展水平”总得分为0.5821，此结果直观地反映了滨海新区整体发展水平距离真正成熟的自由贸易区还有一定差距，但各分项指标值也高低各异。基于评价研究结果，分析天津滨海新区各保税区发展中的优势、劣势以及存在的问题，可得出以下几个结论。

一是充分发挥基础环境优势。在评价结果中，“环境优越度”相对分值最高。可以看出滨海新区拥有良好的硬件条件，其区位及基础设施都具有一定优势，把握好这些优势，能够为天津滨海新区未来发展提供坚实的基础。在制定今后政策和发展策略时，既要充分利用自身的基础环境优势，又要在行政管理效率、信息渠道、市场开发等政策细节方面有所改进和调整，使天津滨海新区逐渐具备一流自由贸易区投资环境的标准。

二是进一步扩大开放自由度。“政策开放和自由度”是自由贸易区关键的特征指标。从评价结果看，滨海新区在此方面尚可，但仍离成熟自由贸易区的标准有一定差距。在国家政策支持下，天津滨海新区在投资自由和贸易自由两方面做得较好，使其具有很大的发展前景。未来在条件允许的情况下，应逐步减少对人员进出和金融行业的限制，进一步扩大开放自由度，力争在较短时间内达到国际上典型自由贸易区的标准。

三是完善功能开发水平。一个成熟的自由贸易区必然要有一个成熟而发达的功能开发作为动力，滨海新区各保税区目前产业发展水平较低。从评价结果可知，进出口贸易、物流分拨业、加工制造业尚可，但是中介服务业、商务展览业等发展水平很低。因此，滨海新区要想发展成为国际水平的自由贸易区，需不断强化各项功能的开发，特别是与港口相关的中介服务业。

四是要提高经济效益，发挥制度创新优势。滨海新区虽然具有较良好的外部条件、较好的政策支持与产业基础，但目前贸易发展成果和经济效益并不理想，远没有达到成熟和成功的自由贸易区的要求。因此，促进天津滨海新区各保税区的贸易发展和经济效益的提高应成为未来发展的主要目标之一。

第三节　借鉴国际管理模式分阶段建设国际自由经济区

一　借鉴国际管理模式，提高滨海新区自由贸易港区效率

自由贸易区的出现与港口的发展是联系在一起的，世界上已有850多个自由贸易区，而且绝大多数为自由贸易港区。这些自由贸易区的功能有所不同。例如，以转口集散为主的德国汉堡（Hamburg）、西班牙巴塞罗那（Barcelona）和法国马赛（Marsellles）等；以贸易加工为主的菲律宾马里韦莱斯（Mail Weles）、土耳其伊斯坦布尔（Istanbul）和我国台湾高雄（Kaohsiung）等；以保税仓库为

主的意大利罗马（Rome）、西班牙桑坦德（Santander）、阿根廷布宜诺斯艾利斯（Buenos Alres）等；具有综合功能的香港（Hong Kong）、迪拜（Dubai）；等等。

国际主要自由贸易区管理模式。香港、新加坡、荷兰、迪拜都是世界上经济比较自由的地区，其中香港被公认为世界上经济最自由的地区，在美国传统基金的排名当中，香港自由经济排名第一，新加坡排名第二。本节重点选择了香港、新加坡、荷兰鹿特丹、迪拜4个具有典型意义的自由贸易区管理模式进行分析（见表9－3）。

表9－3　典型自由贸易区管理模式比较

自由贸易区	设置目的	功　能	经营机构
香　港	成为国际物流中心	公司（民营）	进出口和转口贸易发展物流中心
新加坡	方便应税货物的仓储贸易，使新加坡成为物流中心	公司（民营）	主要是转口并发展为物流
荷兰鹿特丹	提供仓储服务	地方政府、公司（民营）	进出口转口贸易海关许可之下的任何加工
迪　拜	致力于成为中东的国际商业枢纽	地方政府、公司（民营）	仓储、进出口、制造加工、物流配送、金融等服务业产业集群

自由贸易港区管理模式的三个基本要素。一是政府的各种监管。自由贸易港区内的监管活动属于一般政府相关部门的职责，如执行海关监管、提供领航服务以及航道管理，上述权责均按有关法规运作。按照传统做法，由政府派出的行政主管机构负责监督港区

运行，在政府部门之间协调，制定港区发展规划等。二是土地。自由贸易港区土地所有者拥有如下权利与责任：管理并开发港区的土地；制定并实施港区土地管理措施；监督主要的土木工程建设；提供并维护航道、防波堤、船闸、内港、船坞、码头和仓库；提供进入港区中心的道路。三是自由贸易港区的运营。包括增值活动和自由贸易有关的活动，如香港一些码头运营商从事装卸、搬运等业务。

提高管理效率的举措。一是要统一管理、单一窗口。从国际经验来看，大多采取统一管理、单一窗口的管理模式。其中，迪拜、韩国、我国台湾通过设立具有较大独立性的自由贸易区管理机构进行统一管理，通过单一窗口实施日常管理（主要是政府的各种监管，如口岸管理、工商管理等）。二是经营管理公司化。进入21世纪以来，出现了自由贸易区经营管理公司化的趋势。许多国家的政府加速放松对经济活动的监管，下放决策权，自由贸易区实行公司制在国际上已经是十分普遍的事情。

二　滨海新区可采取复合型自由经济区梯度开发模式

目前，滨海新区还存在产业结构与布局及发展模式有待完善、生态环境整治等问题。其中，发展模式是一个突出的问题，即现有的各自由经济区（经济功能区）之间的关系问题以及如何实现现有的经济功能向规划的9大功能区转化。例如，在建立天津东疆保税港区的同时，如何处理其和天津港保税区及空港物流加工区的分工与合作问题；泰达和天津东疆保税港区、天津港保税区、空港物流加工区的加工工业分工与合作问题；天津滨海新区各功能区的特殊政策优惠程度和覆盖范围问题；等等。根据世界自由经济区发展和演化模式，结合天津滨海新区开发开放过程中存在的问题，天津滨海新区可以采用开放型与封闭型相结合、综合与专业功能相结合、复合型自由经济区梯度发展模式。

开放型意味着天津滨海新区和周围地区不进行封闭式隔离，保持和周围地区的密切联系。但区域内的自由贸易港区、保税园区则和滨海新区及外界实行封闭隔离，以降低自由贸易带来的潜在风险。

综合型意味着天津滨海新区可以包含不同类型的自由经济区和一般经济区，如天津东疆保税港区/贸易港区、天津港保税区、天津空港物流加工区、天津经济技术开发区、塘沽海洋高新技术园区、临港工业区、滨海石油和海洋化工区、现代生态农业区、天津海河下游冶金加工区、中心商务区等功能区。

复合型意味着天津滨海新区的一些功能区可以建立主区－副（亚）区系统。主区－副区系统可以是指空间上相互分离而功能有主次之分的两块区域，也可包括在同一连续的区域内，但功能具有分工，形成区域内的功能亚区。第一种情况如天津滨海新区包含不同的功能区。此外，天津东疆保税港区/贸易港区可以成为封闭型自由贸易港区的主区，可以把天津保税港区和空港物流加工区作为副区。它们之间可以建立封闭的联系通道，共同实行境内关外的自由贸易政策（见图9－6）。

第二种情况如天津东疆保税港区/贸易港区内部可以划分为不同的亚功能区。例如，码头装卸区、物流加工区、贸易服务区和休闲居住区等。其他的功能区也可以在区域内形成主区－副区系统。

梯度发展模式是指天津滨海新区在推进东疆保税港区向自由经济区转变的过程中，在近期、中期、远期确定不同的阶段性目标，并逐步扩大经济自由区的范围和政策。

图 9－6　滨海新区构建复合型自由贸易港区示意图

梯度发展。在近期，各功能区可以根据其功能与作用实行自由程度有别的政策。天津东疆保税港区/贸易港区、保税园区可以逐步向自由贸易区转变，实行境内关外的自由贸易政策；其他功能区可以实行准境内关外的特殊优惠政策。在中期，根据天津滨海新区的发展趋势，天津滨海新区在中期可以采用封闭型、综合复合型自由贸易区发展模式。也就是说，天津滨海新区全区实行封闭管理，区内实行自由贸易区政策。全区可以分为不同的分区，如自由贸易港、保税区（或自由贸易区）、出口加工区、经济技术开发区、中心商务区、自由金融区和自由旅游区等。天津滨海新区可包含综合的产业部门，但以第二产业和第三产业为主，并向第三产业和第二产业为主转化。在远期，天津滨海新区可向类似于香港和澳门的特别经济和行政区转化（见图9－7）。

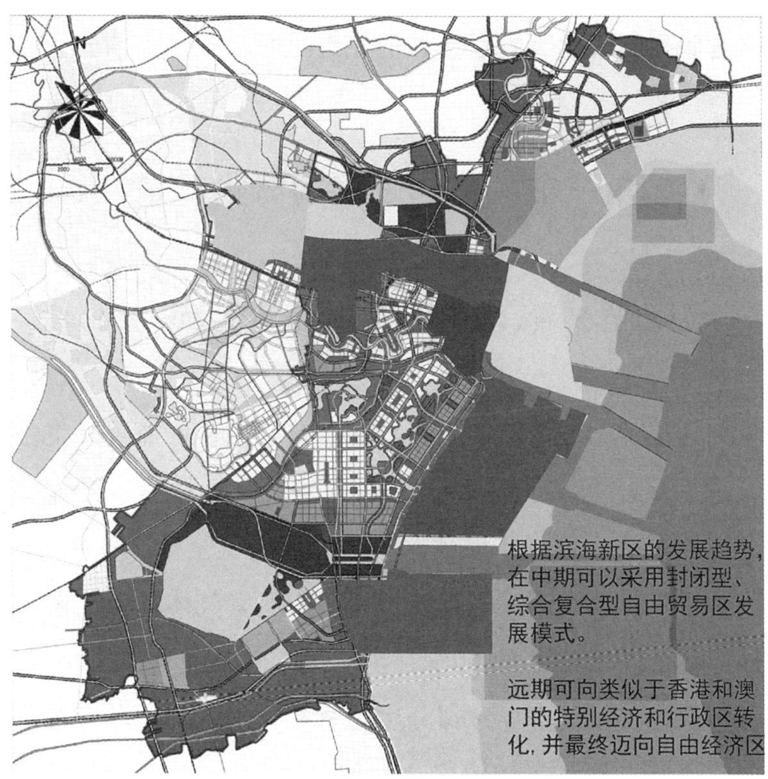

图9－7　滨海新区建设自由贸易港区阶段性目标

第十章　从低碳发展入手建设国际性生态宜居新城

“十二五”时期是天津滨海新区进入转变发展方式、发展低碳经济、建设国际性生态宜居新城的关键时期。

第一节　低碳发展的时代背景

一　从世界来看，低碳发展成为全球共识

世界各国致力于清洁能源开发和高效利用，更加重视生态人居环境，绿色 GDP 成为世界各国加强竞争的重要指标。美国宇航局航测到南极东部冰盖每年融冰 570 吨，意味着全球气候正在变暖。过去 100 多年，人类向大气排放了大量的温室气体二氧化碳，使二氧化碳当量浓度增加了约 60%，全球平均气温也因此上升了 0.74 摄氏度。全球气候变暖导致部分生物物种灭绝，生态环境恶化，极端天气现象及自然灾害频繁发生，如持续干旱、超强飓风、暴雪、猛烈的冰雹袭击以及海平面上升，这些已经严重威胁着人类生存。

在气候危机下，“低碳”的理念日益在生产发展和社会生活的各个层面推广。城市作为人类生产和生活的中心，在经济社会发展中发挥着重要作用，但同时，超过75%的温室气体从城市排放，世界上很多城市开始以低碳城市作为其发展的目标。从2009年丹麦首都哥本哈根会议到2010年墨西哥海滨城市坎昆、2011年南非东部港口城市德班气候变化会议，缔约的《联合国气候变化框架公约》和《京都议定书》，已成为国际合作应对气候变化的法律基础和行动指南。截至目前，已有192个国家批准了《联合国气候变化框架公约》，与全球环境基金合作，向穷困国家转让资金，支援减排。绿色气候基金是德班气候大会核心议题。德班大会经过谈判决定，实施《京都议定书》第二承诺期并启动绿色气候基金。

二　从中国来看，低碳发展成为实际行动

中国作为经济快速增长的发展中大国，温室气体排放总量已超过第一排放大国美国。2007年我国二氧化碳排放总量占世界的20.6%，略高于美国（19.3%），位列世界第一，人均排放与人均累计排放较低。2009年9月22日在联合国气候变化峰会上，胡锦涛主席发表题为《携手应对气候变化挑战》的讲话，代表中国政府向国际社会表明了中方在气候变化问题上的原则立场，明确指出中国将进一步加强节能、提高能效工作，争取到2020年单位国内生产总值二氧化碳排放量比2005年有显著下降，同时还将大力发展可再生能源和核能，争取到2020年非化石能源占一次能源消费比重达到

15%左右。国务院总理温家宝在丹麦哥本哈根举行的《联合国气候变化框架公约》会上指出，中国是最早制定实施《应对气候变化国家方案》的发展中国家，也是近年来节能减排力度最大的国家。中国正处于工业化、城镇化快速发展的关键阶段，能源结构以煤为主，降低排放存在特殊困难，但仍始终把应对气候变化作为重要战略任务。中国会以实际行动证实自己的诺言。国家发改委主任张平在全国“十二五”规划编制工作电视电话会议上指出，“‘十二五’规划把节能减排，发展绿色经济和低碳经济，增强可持续发展能力作为八大战略重点之一”。有专家建议“十二五”期间的单位 GDP 能耗要下降 15% ~20%，主要污染物排放总量再次下降 10%。

可以说，中国的低碳发展步伐已全面加快，突出表现在以下几点。一是环境与能源的国际合作正向深层次、多渠道、全方位推进。加大环保国际合作的力度已被作为 21 世纪中国环保工作的重点。我国与美国、日本等发达国家的合作重点在能源、环境等领域，除了资金还有技术等合作。目前，中国国际环境合作正向深层次、多渠道、全方位推进，推动了中国重点流域、区域、城市的环境治理和环境质量改善。为控制天津市大气污染，天津滨海新区从根本上调整了能源结构。二是碳排放已作为约束性指标纳入发展规划。2009 年 11 月，温家宝总理主持召开国务院常务会议，决定 2020 年中国单位 GDP 二氧化碳排放量比 2005 年下降 40% ~45%，作为约束性指标纳入国民经济和社会发展中长期规划，并制定相应的国内统计、监测、考核办法。三是中国已成为全球最大的碳排放交易国。所谓排放权交易，是按照《京都议定书》协议，承担减排义务的国家可以通过向不承担义务的国家购买排放权来完成承诺，而不承担义务的国家可因此获得资金来改善环境。排放权市场蕴含大量商机。自《京都议定书》于2005年2月16日开始生效后，温室气体的减排量也就演化成了商品，发达国家可以把帮助别国实现的减排量当作自己国家与公约约定的减排指标。据世界银行估计，2008～2012年，全球“碳交易”需求量为7亿至13亿吨，交易值每年可达140亿至650亿美元。其中，中国将提供1/3的碳减排量，由此产生的交易额将超过150亿美元。中国虽然是《京都议定书》的缔约国之一，从国际和国内形势的发展趋势看，中国最终会加入强制减排国行列。目前，中国已成为全球最大的碳排放交易国，前来购买减排量的国外投资基金越来越多。国际碳交易[①]，除了碳排放，节能减排和环保技术交易、节能量

① 国际碳交易，主要是目前实施的CDM项目的碳交易。联合国发起的清洁发展机制（Clean Development Mechanism，CDM），即部分发达国家签订了《京都议定书》，为了在2012年实现温室气体减排量的承诺，一方面通过自身努力在国内减排，另一方面为了降低减排成本，向其他国家购买温室气体的“减排量”额度。由于发展中国家没有减排任务，并且减排措施刚刚起步，只需要较低成本就可以实现部分减排，因此可以向CDM委员会申请认可来获得“减排额度”，这种减排额度类似于信用额，可以在国际温室气体减排市场进行交易，出售给需要购买“额度”的发达国家，从而获得报酬。CDM赋予一国的二氧化碳排放额度交易性的特点，通过允许其买卖而达到全球减排的目标。但是，在CDM国际交易框架中，并非所有的温室气体减排量都是可以随意出售的。只有得到CDM国际委员会认可的并经过证明的确发生的减排量（Certified Emission Reduction，CER）才可以被交易并认为有效。简单来说，一个发展中国家的企业如果认为自己的某种生态措施可以有效地减少温室气体排放而想将其出售，首先要向国家提出CDM申请，得到国家有关部门批准后再向国际CDM委员会申报。目前CDM执行理事会已经批准的方法共有89个（截至2007年7月12日）。随着CDM的发展，这个数字还将不断更新。

指标交易、二氧化硫等排污权交易一样拥有很大市场。

三 从天津滨海新区来看，低碳发展已走在全国前列

一是天津气候交易所引领我国碳交易市场走向。2008 年 9 月 15 日，天津气候交易所在天津滨海新区正式挂牌，该交易所立足于环境权益公开交易，围绕“节能环保技术转移”和“排放排污权益交易”搭建环境交易平台，专业从事节能环保技术交易，SO_2、COD 排污权交易，节能量交易以及碳汇交易等有关业务，引领我国环境权益交易市场走向，利用市场手段完善生态补偿机制，并推进企业的技术升级和行业的科技进步，在国际市场获得话语权。业务方面，主要在节能减排和环保技术交易、节能量指标交易、二氧化硫、COD 等排污权益交易以及温室气体减排量的信息服务平台建设方面发挥作用。

二是建立了节能减排的市场机制。天津气候交易所的建立，标志着中国节能减排和环境保护事业从单一的行政配置向市场化配置的重大转型，通过引入市场化运行方式，有利于完善能源资源节约和环境保护奖惩机制，有利于完成“十二五”期间节能低碳的约束性目标，并在更大范围、更深层次、更广领域实现环境资源的优化配置。2009 年 8 月 5 日，国内自愿碳减排第一单交易达成，天平汽车保险股份有限公司成功购买奥运期间北京绿色出行活动产生的 8026 吨碳减排指标，用于抵消该公司自 2004 年成立以来至 2008 年底全公司运营过程中产生的碳排放，成为第一家通过购买自愿碳减

排量实现碳中和的中国企业。

三是在可再生能源和发展新能源产业方面走在全国前列。天津滨海新区和首都北京一样，可再生能源的发展前景广阔，已走在全国前列。“十二五”期间及未来中长期，天津滨海新区仍将处于城市化、现代化快速发展，并逐步向国际性城市迈进的关键时期，对能源的内在需求将保持较快增长，也带来碳排放的进一步增加。低碳发展带来的全球交流和合作是当前国际合作的一个热点，也是完善天津滨海新区低碳市场机制的重要机遇期。全球应对气候变化和对低碳发展的关注意味着巨大的技术和设备的需求。低碳技术蕴含的商机是各国新的竞争领域，天津滨海新区需要借助低碳技术提升产品竞争力。

第二节 天津滨海新区绿色宜居城市的低碳目标

一 总体思路

为了深入贯彻科学发展观，积极应对全球气候变化与资源环境约束的新挑战，全面践行绿色发展理念，深入转变发展方式，进一步推动新区生态城市建设，促进滨海新区经济社会与人口资源环境协调发展，必须将城市发展建设与生态环境改善紧密结合起来，以提升天津滨海新区可持续发展能力为核心，以发展绿色经济、循环经济、建设低碳城市为未来发展的战略方向，以技术进步、制度创新为动力，深入推进节能减排，积极开展低碳经济试点，全力打造绿色生产体系，积极创建绿色消费体系，加快完善绿色环境体系，努力把滨海新区建设成为更加繁荣、文明、和谐、宜居的首善之区。

二　发展目标

近期目标：根据天津滨海新区“十二五”循环经济与低碳发展规划，到2015年，新区将建成中国工业循环经济示范基地、资源节约型和环境友好型社会建设典范以及滨海特色“低碳新区”。以中新生态城、滨海旅游区、中心渔港、北塘经济区、东疆港区、中心商务区为依托，将低碳发展理念贯穿区域建设与发展全过程。“十二五”期间，滨海新区将优化能源结构，大幅增加天然气用量；加强可再生能源开发利用，注重高碳能源的清洁利用；建立低碳交通体系，加强轨道交通和公交系统建设，保障和推广自行车、步行等慢行交通方式，推行港城交通分离，提高货物运输中铁路运输的比例；推进建筑节能，继续针对既有建筑实施节能、低碳改造，新建建筑严格执行节能标准，抓好示范项目建设；倡导低碳型消费理念，政府率先垂范，打造节约型机关，营造低碳消费的社会环境；增强区域碳汇能力建设。①

① 张勇智：《天津滨海新区2015年建成“低碳新区”制定发展规划》，《渤海早报》2011年9月27日。

远景目标：到2020年滨海新区经济发展方式实现转型升级，绿色消费模式和生活方式全面弘扬，宜居的生态环境基本形成，将滨海新区初步建设成为生产清洁化、消费友好化、环境优美化、资源高效化的绿色低碳现代化国际新城。

三　指标体系

为实现滨海新区建设低碳、绿色、宜居的国际化新城的远景指标和近期指标，本书提出以下部分指标，建立对实现上述目标进行衡量和评价的指标体系。绿色宜居新城的碳强度指标见表10－1。

表10－1　绿色宜居天津滨海新区建设的目标与新的碳强度指标

指标名称	2010年	2015年	2020年	指标性质
新能源和节能环保产业销售收入总额（亿元）				引导性
低碳产业产值（亿元）				
低碳产业产值占工业总产值的比重（%）				
可再生能源利用量占能源消费总量的比重（%）	2.5	5		引导性
煤炭占能源消费总量的比重（%）	34	25		约束性
风电产值（亿元）		500	800	
风电占全国市场的份额（%）		30	35	
风电占全球市场的份额（%）			12	
太阳能电池光伏产业产值（亿元）			500	
单位GDP能耗（吨标煤/万元）	0.66	较2010年降低20%，年均下降4.4%	按国家下达要求执行	约束性

续表

指标名称	2010 年	2015 年	2020 年	指标性质
绿色电池产业规模占全国储能电池市场的份额（%）			35	
绿色电池产业规模占全球市场的份额（%）			12	
单位 GDP 水耗（立方米/万元）	36.62	32		约束性
单位 GDP 二氧化碳排放量（吨/万元）	—	按国家下达要求执行		约束性
再生水利用率（%）	57	70		约束性
林木绿化率（%）		45		约束性
人均公共绿地面积（平方米）	13.6	15.5		约束性
外语人口比重（人/百人）				

资料来源：天津滨海新区发改委、环保局《天津滨海新区生态环境建设规划》，2010。

根据国家2020年的碳强度目标设计，天津滨海新区“十二五”时期应对气候变化的低碳目标指标见表10-2。

表10-2　天津滨海新区2015年应对气候变化的低碳目标

	单位 GDP 二氧化碳排放比2005年下降（%）	森林面积增加（万公顷）	森林覆盖率（%）	非化石能源占一次能源消费的比重（%）	国际约束力	户籍人口（万人）
中国（2020年，15年）	40%～45%；15年	4000（约国土面积的4%）	23%（比2010年提高3%）	15%左右	不具有	
天津市	30%；10年（15%/5年）	约国土面积的2.6%	比2010年提高1.67%	10%		984.85
天津滨海新区（2015年，10年）	30%；10年（15%/5年）	约国土面积的2.6%	比2010年提高1.67%	10%		111.2（11.3%）

第三节　滨海新区低碳发展的主要思路及策略

借鉴世界城市发展的成功经验，建议天津滨海新区在建设低碳城市的过程中实施以下主要措施。

一　借鉴北京经验，建立国内碳补偿市场机制，倡导市民义务植树购买碳汇

《北京市绿化条例》于2010年3月1日起施行。《北京市绿化条例》明确提出，北京市要推进林业碳汇工作，普及碳排放知识，倡导低碳生产生活方式和实现碳中和的绿色环保理念，引导公众参与碳补偿活动。碳汇，是指从空气中清除二氧化碳的过程、活动、机制。在林业中，碳汇主要是指植物吸收大气中的二氧化碳并将其固定在植被或土壤中，从而减少该气体在大气中的浓度。北京市从2008年开始启动林业碳汇工作，公众或者单位购买碳汇集中资金，用于大规模植树造林。每人平均出资1000元，即可在北京造半亩林地，20年之内可吸收二氧化碳大约5.6吨。“碳汇”作为北京市林业工作的亮点被写进了《北京市绿化条例》（以下简称《条例》）。《条例》规定，单位和个人可以通过植树造林、认建认养树木绿地、购买碳汇、参与绿化宣传咨询等多种形式履行植树义务。

《条例》还首次提出，小区绿化用地的面积和位置要在房屋买卖合同中予以明示。小区附属绿化工程竣工后，开发商应制作绿地平面图标牌，在小区显著位置进行永久公示。未按要求公示绿地平面图的责令限期改正；逾期不改正的，处5000元罚款。《重庆市森林工程建设管理条例》（2010年3月1日起正式实施）规定，对未履行年度植树义务的单位和适龄公民，各级绿化机构可以征收以资代劳绿化费。建议天津市制定条例，建立机制，将“碳汇”作为天津滨海新区林业工作的新亮点写进《天津滨海新区绿化条例》。

二　聚焦发展新能源产业，打造世界级新能源产业基地

优化产业发展环境，积极抢占全球战略资源，引进高端产业项目和科技机构，促进关键技术研发和科技型企业快速成长，大力发展研发、检测、会展等高端业态，加大新能源产品的推广和示范应用，不断完善和延伸产业价值链，建设世界级新能源产业基地。到2012年，新能源产业实现总收入400亿元，到2015年，实现总收入1000亿元。根据规划，天津将着力建设绿色电池之都，加快动力电池、绿色储能材料、隔膜、保护电路等项目建设，构建完善的产业链，促进绿色电池同风能、太阳能等新能源的联动发展。全力打造国际领先的风电产业聚集区，加强资源整合力度，加快海上风电装备、变速箱和控制系统等关键零部件项目建设，加大风机电控系统、变流器装置等关键部件的研发生产，完善风电产业配套环节，引进设计、测试、评估等专业风电服务机构，健全产业服务体

系。加快建设国际一流的光伏产业制造基地，提升薄膜电池、聚光电池、晶硅太阳能光伏等领域的研发和生产水平，大力发展太阳能光伏发电应用和光伏系统集成服务业，积极推动太阳能光伏发电在高新区的试点示范，促进太阳能光伏工程咨询及设计、安装和维护以及光伏系统集成设备产业化。引进与培育新能源汽车产业，加快力神新能源产业园建设，带动电控系统研究、电动机制造、电动车销售和维修等相关配套产业，打造新能源汽车产业集群，推动新能源汽车在高新区的示范应用。培育LED、智能电网、燃料电池等产业，创造新的增长点。

三　建设生态教育旅游与低碳科普基地，繁荣生态文化产业

围绕人与自然和谐，加强自然生态建设，围绕经济生态，高效发展生态产业。然而，要真正建成生态城市，实现绿色滨海新区，还必须发展生态文化，依靠生态文化的发展、传播与弘扬，让新区全体市民的思想、观念、精神，即意识形态领域，以及人们的行动都要实现生态化。广义生态文化体系包括生态文化（狭义）、生态道德、生态法制、生态教育、生态消费、生态技术、生态政策与制度文化、生态示范文化等领域。

天津市各大公园应增加生态文化教育功能，提高市民生态意识和环保的自觉性，包括宣传自然生态的功能价值与广义的生态文化。通过广告栏的形式，包括文字、图片，或雕塑、模型等形式，

宣传生态文化。让公众了解自然生态，如森林生态系统的服务功能，包括净化环境、固碳制氧转化太阳能、保护生物多样性、保持水土、涵养水源、景观游憩等价值。其中，净化环境包括吸收SO_2，吸收NO_2，吸收氟化物、滞尘，杀菌，减噪等子功能价值；涵养水源包括拦截降水、增加地表有效水量等子功能价值。水域（湿地）生态系统服务功能具有渔业和大陆架生境价值，水禽栖息地价值，哺乳和爬行动物生境价值，水源功能，防止水土流失、风蚀、海岸冲蚀价值，防止暴雨控制洪水价值，娱乐价值等。

天津展览馆、公园、中新生态城等，都可以规划集中展示建筑的绿色科技和生态文化，将其作为现代生态建筑科技教育实习的理想基地。借鉴北京奥运场馆、上海世博园、伦敦零碳社区建筑的先进理念，天津中新生态城也应设计能充分体现城市最先进的绿色、节能、低碳的生态文化和技术的建筑。世博会的展馆是低碳模式的典范，如世博会利用自然风组建风道，减少空调的使用；主题馆是世界上最大的单体光伏建筑，巨大的闲置屋上敷设了太阳能光伏组件；中国国家馆中式斗拱的系列独特设计，能耗比传统模式降低25%以上；伦敦零碳馆则为参观者提供最低能耗的舒适体验；上海参展的“沪上·生态家”，更是低碳经济的代表作，集中了浅层地热、热湿独立空调等生态节能环保技术，比同类建筑节能75%。世博会推出的“世博绿色出行碳计算器”，用户只需输入出行起点、终点、方式、人数等基本信息，该碳计算器就可以直接为用户计算出二氧化碳排放量和减排量。该碳计算器还设有碳补偿平台的链接，如用户希望对自己出行产生的碳排放进行补偿，可直接点击链接，通过网上或手机支付平台购买碳信用额度，补偿自己的出行碳排放。

滨海新区应学习借鉴世博会经验，定期展出或开设关于生态、节能、环保的高新技术产品专题展览。积极推广碳中和、碳补偿等概念，使居民的资源集约（节能、节水、节地）和环保的意识与自觉性进一步提高，让滨海新区市民更加自觉地保护自然生态环境，控制环境污染，倡导绿色消费，支持低碳经济、循环经济、生态经济、可再生能源的发展。通过全社会的努力，使天津及滨海新区的蓝天数进一步增加，保障并改善饮用水的水质水量，使城市环境舒适度、宜居水平得到进一步改善，城市复合生态的可持续发展水平明显提高。

四　积极构建碳金融体系，推进碳交易人民币计价的国际化进程

以绿色金融促进低碳经济发展，碳金融将成为低碳经济的战略制高点。低碳经济的发展是机遇也是挑战。对中国来说，提高对碳资源价值的认识，积极推进人民币国际化进程，使人民币成为碳交易计价的主要结算货币，培育碳交易多层次市场体系，开展低碳掉期交易、低碳证券、低碳期货、低碳基金等各种低碳金融衍生品的创新，改变中国在全球碳市场价值链中的低端位置，获取国家最大的战略权益是时代的要求和必然趋势。随着各国在碳交易市场上的参与度提高，越来越多的国家搭乘碳交易快车提升本币在国际

货币体系中的地位，加速走向世界主导国际货币的行列。我国必须抓紧这一机遇将人民币与碳排放权绑定，推进碳交易人民币计价的国际化进程。对滨海新区来说，应积极研究国际碳交易和定价的规律，借鉴国际上的碳交易机制，研究探索交易制度，建设多元化、多层次的碳交易平台，加快构建中国国际碳排放交易市场。目前，世界银行已经设立了总额达10亿美元的8个碳基金，挪威碳点公司、欧洲碳基金也非常活跃。天津要借鉴国际经验，积极开展碳掉期交易以及碳证券、碳期货、碳基金等各种碳金融衍生品的金融创新。

五　积极推广低碳建筑，构建节能低碳型建筑体系

首先，制定政策，政府引导、补贴，充分利用太阳光，普及太阳能热水器、光伏发电，利用保温隔热材料。其次，将高反射率、隔热效果好、环保型的建筑表面材料纳入建筑规范和推荐产品名录。采用高反射率的地表材料是减轻城市热岛效应直接而又廉价的方法，结合树木种植，可有效地降低市区温度，减少能量消耗，降低烟雾形成，提高城市空气质量。再次，以财政资助手段，加快建筑屋顶遮阴降温改造，以减少空调使用量。最后，提高玻璃幕墙保温隔热标准，限制其面积比例，加快制定和完善建筑玻璃幕墙使用有关规定。图10－1是中新生态城建筑节能与生态建筑示意图。

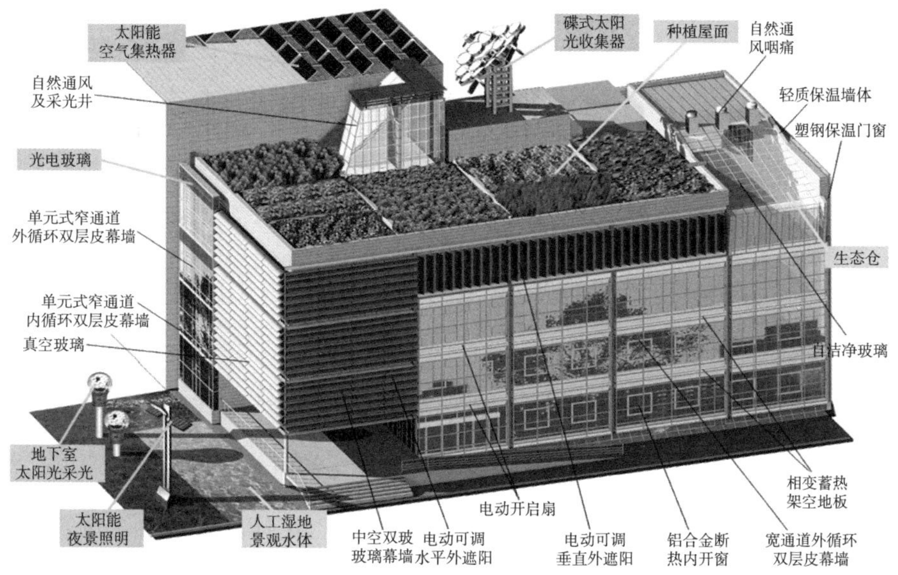

图 10－1　中新生态城建筑节能与生态建筑

六　强化中水利用、海水淡化与生态补偿工作

天津滨海新区建设国际性城市，水资源短缺仍是主要的资源短板和制约因子。为此，“十二五”期间，天津滨海新区要继续强化分质供水、分质排水、中水利用及雨水收集工作，加强海水淡化工程和雨水洪水收集利用工程。

应注重发展生态教育旅游和生态文化创意产业，建立水源地生态补偿的科学可行的长效机制。对生态旅游赋予生态教育功能。对跨行政区界的饮用水源地区、风沙源区，如与河北承德市，建立新的生态补偿机制、水资源补偿机制及水权交易机制。

第四节　建设低碳绿色宜居新城的重点区域及政策建议

一　打造世界生态宜居的领先之城——中新天津生态城

中新天津生态城是中国与新加坡两国为应对全球气候变化、加强环境保护意识、节约资源能源、构建和谐社会而合作的国际首个世界生态宜居样板城市项目。2007 年 11 月 18 日，中国国务院总理温家宝与新加坡总理李显龙在签署生态城项目框架时，就提出了对世界和谐生态城市建设极具重要意义的“三和、三能”建设目标，即“人和人的和谐同存、人和经济活动的和谐同存、人和环境的和谐同存；能实行、能复制、能推广”。

中新生态城位于天津滨海新区休闲旅游区，汉沽和塘沽两区之间，蓟运河与永定新河交会处至入海口的东侧。中新生态城占汉沽区 20 平方公里，占塘沽区 10 平方公里。图 10－2 是中新生态城区位图，图 10－3 是中新生态城的鸟瞰图。

作为滨海新区“十大战役”中的重要组成部分，生态城建设始终秉承国际化生态标准，在环境治理、城市建设、产业发展等方面倾注了大量精力，可谓硕果累累。一是生态城依照科学性与操作性、前沿性与可达性、定性与定量、共性与特性相结合的原则，制定了全世界第一套生态城市指标体系，包括 22 条控制性指标和 4

图 10-2　中新生态城区位图

条引导性指标，基本达到、有的已经超过先进国家水平。例如，绿色建筑比例达到 100%，即使是西方发达国家的比例也很难达到 100%，全国的绿色建筑比例低于 5%。根据建设规划，生态城将通过太阳能光伏发电板、微风发电路灯、地热源空调等科技手段，充分利用光能、风能、地热能等可再生能源，到 2020 年可再生能源利用率实现 20% 的目标，达到欧盟 2020 年制定的标准。垃圾无害化处理率更要达到 100%。到 2020 年绿化覆盖率达到 50%，人均绿地面积为 15 平方米。可再生能源使用率：风能、太阳能、地热能等大于或等于 15%；万元 GDP

能耗不高于0.6吨标准煤；非传统水源雨水、海水淡化、再生水大于或等于50%；日人均生活水耗小于或等于120升；日人均垃圾产生量小于或等于0.8千克。

图10－3　中新生态城鸟瞰图

二是生态城重视城市的人文发展，重视教育对一个区域发展的重要意义。积极试行中外合作办学“三合一”“多合一”等新模式，在生态城推行国际教育直通车，为滨海新区乃至全国培养一流的动漫、商务、金融等方面的人才。三是为构建和谐社会，切实解决区中企业中、低收入人群的购房问题。生态城借鉴新加坡成功经验，将整个区域中20%的住宅用作“公屋”，竭力实现“居者有其屋”的目标。四是生态城努力提升软实力，大力发展文化产业。生态城以中国动漫产业综合示范园为载体，以公共技术服务平台为技术支持，已成功吸引多家国内外知名动漫企业落户，并出品了多部如《赛尔号》《洛克王国！圣龙骑士》等卖座的国产动画电影，园区动漫产能在全国名列前茅。另外，生态城图书出版产业也居全市首位，天津市前5大书商均落户在滨海新区，其中包括全国最大的民营书商——新经典文化有限公司（注册资金为8800万元）。生态城将逐渐成为滨海新区文化产业的前沿阵地，为全面提升滨海新区的国际竞争力起到积极作用。

中新生态城，作为未来世界生态城市发展的风向标，在全面提升新区生态城市建设的全国示范效应和国际影响力方面，仍然任重道远。生态城应始终坚持国际生态和可持续的发展理念，根据自身优势，不断探索新的发展方式，努力提升滨海新区的国际影响力。一是围绕生态主题，打造国际会展城市。有研究者认为，一个国际化大都市，每年至少要举办150次以上由80个国家和地区参加的国际会议。当前，生态环境已成为全世界各国的关注热点。未来，中新生态城计划凭借自身在生态城市建设中的成功经验及国际项目背景，争取成为“世界生态论坛”之都。二是重视发展先进第三产业，全面提升服务业在国民生产总值中的比重。目前，全球国际化城市服务业在其国民生产总值中所占的比重都在70%以上。在这方面，中国目前做得最好的城市是香港，它的服务业比重已达到82%。为使生态城服务业高度发展，滨海新区有必要制定连贯性的鼓励竞争制度、完整的服务业发展战略。另外，城市CBD的建设，也将成为生态城提升国际竞争力的有力手段。三是借助传媒发展，推动城市国际化建设。大众传媒体系可谓是城市的神经网络，国际大都市更是传媒之城。在美国，纽约市可以通过全美三大广播网控制着2139家电台和电视台，通过《纽约时报》《华尔街日报》《时代周刊》《新闻周刊》

等出版媒体影响全国的舆论。未来，滨海新区应尽可能地创造国内外有影响力的报纸、电视广播节目等，为生态城乃至新区的发展提供有力的媒体支持。四是塑造城市魅力，成为创业与人居之城。国际化都市的魅力“不只是吸引”，但一定要有吸引力，成为创业与人居之城。生态城建设要紧跟国际化发展方向，努力创造具有竞争力的投资环境，营造更为舒适的生态宜居氛围，成为滨海新区未来经济发展的原动力。表 10－3 是中新生态城能源控制指标。

表 10－3　中新生态城能源控制指标

序　号	指标名称	指标值
1	清洁能源使用比例	100%
2	可再生能源使用率	大于 15%
3	人均综合负荷	1.35 千瓦
4	居住建筑热指标	38 瓦/平方米
5	公建、工业建筑热指标	50 瓦/平方米
6	居民用气量	2300 兆焦/人·年
7	商业用气量	居民用气量 100%

二　加快 APEC 首例低碳示范城镇建设，将于家堡打造成中国重要的碳交易中心

全方位打造低碳商务区。以 APEC 框架内首个“低碳示范城

镇”——于家堡金融区的建设为突破口，全方位打造低碳商务区示范区。图 10 - 4 是于家堡金融区规划模拟效果图。

图 10 - 4 于家堡金融区规划模拟效果图

借鉴国际成功经验，结合滨海新区发展实际，重点从以下几个方面打造低碳商务区示范区。一是将低碳理念贯彻于城市规划、设计和运营管理等各个方面。于家堡作为 APEC 低碳示范城镇，要重视在规划、设计和运营管理方面贯彻低碳理念，引进国际先进的能效管家系统，对已有建筑进行低碳节能改造，并引进国际机构进行能源审计和减碳量盘查，为开展自愿减排积累碳资产。二是将发展低碳金融作为于家堡金融创新的重要方向。目前已和天津排放权交易所结成了战略合作关系，积极争取天津排放权交易所落户于家堡金融区。目前，国内有三家碳交易机构：北京环境交易所、上海环境能源交易所和天津排放权交易所[①]。三是把“于家堡论坛”办成可代表中国未来10~20年发展趋势的、具有国际影响力的高端金融论坛。2010年6月19日，第九届APEC能源部长会议在日本福井举行，会议确定天津于家堡金融区为首例APEC低碳示范城镇。2011年6月21日在于家堡金融区被确认为于家堡低碳示范城镇一年之际，国内外100多位专家齐聚于家堡金融区召开APEC低碳示范城论坛，共同商讨低碳城市发展之路。“于家堡论坛”以天津金融改革创新基地“于家堡金融区”命名，定位为高端金融论坛，力求打造可代表中国未来10~20年发展趋势的高端综合性论坛。

三　大力发展低碳产业，完善低碳经济产业链

按照滨海新区“十二五”发展规划，滨海新区将重点发展风力发电、绿色储能、太阳能光伏产业；培育壮大LED、电动汽车、智能电网等产业；辅助发展高效节能环保产业以及其他新能源产业。第一，风电产业。力争到2015年，风电生产领域初步建立起完善

① 天津排放权交易所（Tianjin Climate Exchange，TCX）是由芝加哥气候交易所、天津市政府以及中石油（Petro China）的资产管理部门三方成立的合资公司。TCX是全国第一家综合性排放权交易机构，也是国务院国资委指定的四家国有企业国有产权转让试点机构之一；是国家财政部和环境保护部批复的第一个既包括二氧化硫又包括化学需氧量（污水），既包括排放权管理机制建设又包括排放权交易市场机制建设，既包括排放权初始分配（一级市场）又包括排放权二级市场交易的综合试点交易所。

的风电技术及产品服务体系，实现产值500亿元左右，占全国市场份额的30%左右。到2020年，形成配套完善的风电技术及产品服务体系，成为中国最大的风电设备制造中心，最大的风电产品出口基地，最完善的风电研发和检测中心，并实现产值800亿元，占全国市场份额的35%左右。第二，绿色储能产业。绿色储能生产领域初步建立起完善的绿色电池技术创新体系、产品服务体系。到2020年，产业规模占全国储能电池市场份额的35%，占全球市场的12%，建立起完善的绿色电池技术创新体系与产品服务体系，成为中国电池研发中心与新技术、新产品示范和应用中心。第三，太阳能光伏产业。太阳能光伏发电生产领域初步建立起完善的太阳能电池技术研发、产品服务体系。到2020年，基本建成国家级太阳能工程研发中心和光伏产业人才培养基地，实现产值500亿元。第四，LED产业。LED产业生产领域到2015年力争在外延、芯片等产业环节上，形成核心技术和自主知识产权，建立相对完整的产业链和半导体产业群。第五，其他高效节能环保产业。节能环保领域以资源回收利用、能源节约、污染治理等领域的技术研发和产品制造为重点，打造节能环保产业集群；以高端服务业和生产性服务业为重点，大力发展低碳金融服务、信息服务、技术及产品系统集成服务等，逐步将滨海新区打造成为中国低碳服务业中心。总之，通过低碳城市建设和低碳产业的发展，加快滨海新区的经济增长，力争到2015年末，使滨海新区率先在全市达到国家低碳城市建设标准。低碳产业实现产值8000亿元以上，占工业总产值的比重达到40%左右，万元GDP能耗较2010年降低20%，年均下降4.4%。

四　森林碳汇与绿化规划

按照发展规划，滨海新区将逐步构建起以河道、路网构成的绿色廊道，以公园为主的绿色组团和以湿地为主的绿色板块构成的生态园林架构体系，实现人与自然、经济社会与生态环境和谐发展。新区计划完成造林绿化面积7357亩，确保成活率达95%以上。同时打造中塘生态林绿化和上高路绿化样板，并以“立体绿化”的方式增加绿化面积，建设布局合理、植物多样、环境优美、总量适宜、功能完善、结构稳定的生态系统。[①]

滨海新区2012年绿化建设计划完成新建城市绿化面积803万平方米，改造456万平方米。2011年新建绿化面积达1004.27万平方米。临港经济区、天津开发区、中新天津生态城、轻纺经济区等区域的绿化面积分别接近或超过100万平方米，临港经济绿化面积高达196.10万平方米。大港湿地公园、中心商务区蓝鲸岛公园刚刚竣工，汉沽河西公园、中新生态城永定州文化主题公园、临港经济区湿地公园已开工建设。新区绿化整治工作确保苗木栽植保质保量，监督新建绿地的建设，争取做到当年建设当年出效果。在绿化方面，有关部门根据新区的土壤、水质和气候等条件，按照“三季有花，四季常绿”的目标，对耐盐碱、常绿的树种，如白蜡、国槐、金银木等进行绿化。为了在美化城市面貌的同时方便百姓生

① 《天津滨海新区新建城市绿化改造完善生态园林》，人民网，2011－12－27。

活，新区绿化还注重基础设施功能提升。例如，对小区进行改造时，新区在树木周围配备凳子等城市家具，为百姓提供更多休闲场所；在停车位周围种植高大的乔木，以减少阳光直射；为帮助百姓创造更好的慢行环境，在有条件的地方种植双排树木，使百姓获得更多绿荫。[①]

① 陈西艳：《天津滨海新区绿化生态建设持续推进，绿化项目开工面积达 1023 万平方米》，人民网，2011－08－02。

附录一　滨海新区遥感影像图、于家堡遥感影像图

附图 1　天津滨海新区遥感影像图（2012 年）

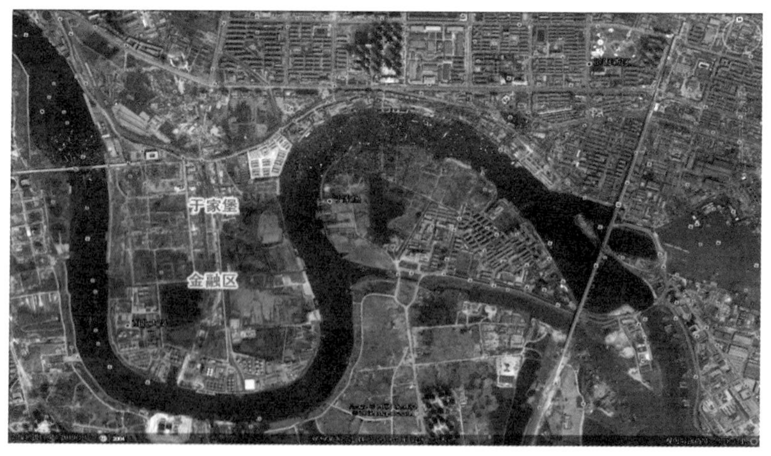

附图 2　于家堡区域遥感影像图

附录二　借鉴国际大都市的成功经验，建设节约型低碳新城

借鉴发达国家尤其是国际大都市的成功经验，节能减排、节水减污，建设节约型城市，将对天津滨海新区可持续发展，实现绿色现代化与和谐安全的国际性城市具有重要意义。总结当今三大世界城市纽约、东京、伦敦市节能、低碳、减排及节水的经验和新政策，提出对滨海新区建设节约型国际性城市的启示和借鉴。以节能、节水为导向，推进滨海新区发展方式转变。东京推行“世界最高水平的应对战略”；伦敦计划成为应对气候变化的科技研发和金融中心；纽约决心成为应对全球气候变化的先锋。伦敦市经验表明，转用低碳技术的成本，比处理已排放的二氧化碳所需要的成本低，投资可再生能源，向各行业征收二氧化碳税；家庭节能咨询服务。2007 年东京成功进行了物联网应用，物联网成为我国乃至全球信息产业的新亮点。纽约市首先加强公共机构和政府大楼、商业和工业建筑、住宅楼、新建筑、家用电器和电子产品领域的节能监管；其次侧重提高现有建筑物的能源效率；成立能源规划委员会，

降低能源需求、增加新的清洁能源供应、促进能源基础设施现代化。应对气候变化的政策措施不但不会妨碍经济发展，更能带来经济效益。以科技促节水，推广节水器具，人行道采用了透性柏油路面。

一　伦敦低碳城市建设

英国是最早提出“低碳”概念并积极倡导低碳经济的国家。前任伦敦市长利文斯顿于2007年2月发表《今天行动，守候将来》（Action Today to Protect Tomorrow），将二氧化碳减排目标定为在2025年降至1990年水平的60%。伦敦市政府认为，转用低碳技术的成本，比处理已排放的二氧化碳所需要的成本低。节能及提高能源效率等措施，不会令原有的生活品质下降。反之，加强开发应对气候变化的技术，有助于伦敦发展成为环保技术的研发中心。

伦敦政府计划提出的措施能够在2025年前，令该市的二氧化碳排放量每年减少1960万吨。然而，要达到减排目标，伦敦还要每年减排1340万吨二氧化碳，这需要英国政府推动全国性的政策配合。因此，现任市长鲍里斯·约翰逊在2008年5月当选以来游说英国政府加快推行相关政策，例如在全球大规模投资可再生能源，向各行业征收二氧化碳税等。伦敦市低碳城市建设有如下几个政策方向。①帮助商业领域提高减少碳排放的意识，并给它们提供改变措施的信息。鼓励所有商业企业在它们投资的时候都要向低碳一体化过度。②降低地面交通运输的排放。引进碳价格制度，根据二氧化碳排放水平，向进入市中心的车辆征收费用，致力于使伦敦成为欧洲国家中电力汽车的首都。③改善现有和新建建筑的能源效益。推行“绿色家居计划”，向伦敦市民提供家庭节能咨询服务；要求新发展计划优先采用可再生能源。④发展低碳及分散（Low Carbon and Decentralized）的能源供应。在伦敦市内发展热电冷联供系统（Combined Cooling，Heat and Power），小型可再生能源装置（风能和太阳能）等，代替部分由国家电网供应的电力，从而减低因长距离输电导致的损耗。①

二　东京低碳信息化的样本

作为日本的首都，东京的商业实体和社会组织众多，能源消耗和碳排放量巨大，而其中二氧化碳排放量最大的是东京大学，2006年其碳排放量达到13.6万吨，其每年消耗的电费成本则高达6000万美元。因此，一项旨在降低电能消耗、减少碳排放的“绿色东京大学计划”于2008年6月开始执行，其目标是“利用信息技术以智能和智慧方式改善环境”和“将以强制被动方式改善为以自觉方式打造低碳环境”。

---

① 中国产业信息网，http：//www.cnii.com.cn/xxjj/content/2010－05/17/content_765839.htm。

充满现代气息的国际化大都市东京，不仅因其利用物联网[①]等高科技手段创造了高速发展的经济奇迹吸引了世界的目光，更因其低碳节能、注重社会协调发展而闻名于世。目前，物联网正成为我国乃至全球信息产业的新亮点。在东京，一项于2007年由东京市政府及国土交通省发起、倡导移动观光与RFID[②]导游的“东京无所不在计划”便已在全市成功进行了物联网应用。“东京无所不在计划”采用ID识别技术，将东京市内所设“场所”及“物品”赋予唯一的固有识别码，由后台系统自动识别，用户通过移动装置读取实体位置或物体上的资讯标签，将真实世界的资讯或内容进行数字化处理后与虚拟现实空间结合，以获取便捷、个性化的资讯服务。该计划于2007年至2010年先后在银座、新宿等地购物区进行了成功的RFID导游项目部署。其中，“东京银座购物区试验计划”

---

① “The Internet of Things”，简称IOT。通过射频识别（RFID）、红外感应器、全球定位系统、激光扫描器等信息传感设备，按约定的协议，把任何物品与互联网连接起来，进行信息交换和通信，以实现智能化识别、定位、跟踪、监控和管理的一种网络。物联网的概念是在1999年提出的。物联网就是“物物相连的互联网”。这有两层意思：第一，物联网的核心和基础仍然是互联网，是在互联网基础上的延伸和扩展的网络；第二，其用户端延伸和扩展到了任何物品与物品之间，进行信息交换和通信。

② RFID是Radio Frequency Identification的缩写，即射频识别，俗称电子标签。射频识别是一种非接触式的自动识别技术，它通过射频信号自动识别目标对象并获取相关数据，识别工作无须人工干预，可工作于各种恶劣环境。RFID技术可识别高速运动物体并可同时识别多个标签，操作快捷方便。RFID是一种简单的无线系统，只有两个基本器件，该系统用于控制、检测和跟踪物体。系统由一个询问器（或阅读器）和很多应答器（或标签）组成。

范围涵盖其地面商场及地下街道，并可提供英、日、韩、繁体中文、简体中文5种不同语言操作。整个银座区域内设置上万个RFID标签，系统平台可将道路方向、商店折扣及餐厅菜单等资讯，用信号台传送到游客或消费者的手持式接收器上，手持接收器配有3.5寸OLED触摸屏，具备RFID识别、红外线扫描、429MHz无线传输、WiFi及蓝牙传输功能。除了可以实时接受以上资讯，游客也可以通过手机读取二维码，获取商店资讯、地图路线、观光资讯、设施导游等旅游信息。只要手持此移动装置，游客无论想找哪家名店喝茶或哪家精品店购物，都能快速获得资讯。如当步行经过某家商店前面所架设的无线标签，游客就能收到当前该区域商店的促销计划或餐厅的菜单等资料，同时也可标示出游客所在的位置，并可提供临近公共交通搭乘的方式和线路等，享受无所不在的购物乐趣。由于2007年的“银座计划”成效显著，2009年2~3月，及2009年10月至2010年3月，东京市政府再度实行第二、第三阶段试验计划，将新宿及银座地区的资讯服务进行了充分整合。新宿地区信息平台使用东京都市政摩天大楼瞭望台的全景影像，提供资讯、周边设施导游及地铁、公交线路导游，而“自动无线支援方案”则为残疾人士提供了无障碍路线的搜寻与服务，为其提供了舒适、安全、放心的服务。

掀起低碳节能风暴。作为日本的首都，东京的商业实体和社会组织众多，能源消耗和碳排放量巨大，其中二氧化碳排放量最大的是东京大学，2006年其碳排放量达到13.6万吨，其每年消耗的电费成本则高达6000万美元。因此，一项旨在降低电能消耗、减少碳排放的“绿色东京大学计划”于2008年6月开始执行，其目标是“利用信息技术以智能和智慧方式改善环境”、“将以强制被动方式改善为以自觉方式打造低碳环境”。该计划以东京大学工程院2号楼信息网络为样板试验平台，通过利用传感器等先进的元器件及IPv6下一代互联网协议平台，将建筑内的空调、照明、电源、监控、安全设施等子系统联网，形成兼容性系统综合数据并进行智能分析，对电能控制和消耗进行动态、有效地配置和管理。传感技术和智能技术的应用大大减少了电能消耗，如当学生进入研究室时，其所经过的照明系统和其独享的空调设施会及时开启，而当其离开系统则会立即关闭。整个建筑都采用了此类技术，从而立即为东京大学树立了低碳节能的榜样。

从高校迅速扩展到各行各业。该计划的影响绝不止于这所日本最负盛名的大学，由于该计划由东京大学、名古屋大学、庆应义塾大学、东京中心地区政府、IT非营利组织以及开发商、总承包商、建筑设计部门、设备制造商等30余家公司组成的联合财团发起成立，在项目形成结论并公开后，将迅速扩展应用至日本各地区的各行各业，造福全社会。类似的应用也被松下电器应用于“现场E1”项目。松下电器在北京奥林匹克公园的主要体育场内，安装IPv6照明控制系统，从而有效地控制和检测奥运主场馆区域的1.8万盏照明灯，该系统直接降低了10%的电能消耗。类似的应用还被广泛用于东京的湿度、温度、气压、降雨量等气象监测领域，并大大降低了能耗，而日本的跨国公司更将此应用延伸到了几十个海外市场。[①]

三 纽约的新能源政策

面对严峻的能源形势，纽约市从 2007 年以来通过加强规划、成立专门组织、加强监管和立法、扩大清洁能源供应等一系列能源发展新举措，取得了显著的能源供需平衡效果。

制定能源发展中长期规划，引导能源可持续发展。2006 年纽约市制定了能源发展中长期规划（2007—2030）。其主要目标是降低能源需求、增加新的清洁能源供应、促进能源基础设施现代化。纽约市规划到 2015 年，确保清洁、安全、可承受的电力供应大幅度提高。为此纽约市加大了对综合能源效率计划的投资幅度，加倍供应清洁能源。首先，降低公共部门的能源消耗。针对公共机构大楼，商业和工业建筑，多户住宅建筑等高耗能单位，通过系统激励、委托授权、强制执行等措施加快能源效率提升。其次，替代陈旧和低效的能源生产力，通过实施能源效率战略增加供应。通过这些举措，纽约市电力和热力费用每年降低 20 亿至 30 亿美元，到 2015 年，平均每年每户节省能源费用 230 美元。到 2015 年，二氧化碳排放量将减少 700 万吨，到 2030 年城市温室气体排放量减

① 中国产业信息网，http：//www. cnii. com. cn/xxjj/content/2010 -05/17/content_765839. htm。

少30%。

成立能源规划委员会，实施并改进能源规划。为了确保能源供应方和需求方协作起来共同谋求城市的能源安全发展，纽约市成立了能源规划委员会。其主要职责是：审查和批准城市需要的能源供应和需求战略规划，并提交给公共事务委员会以便获得拨款，并接受其监管。在能源规划委员会下专门设立纽约市能源效率管理局，负责实现降低城市能源需求的目标。该局直接指导纽约市的能源效率和能源需求减少活动。管理局将依照能源规划委员会制定的能源需求减少目标来实施并管理有关项目。设立一定的奖励活动来促进有关能效创新活动的开展。纽约市、纽约州能源研究发展中心、爱迪生电力公司等都是管理局委员会的成员，这些机构支持管理局进行协调行动，以促进能源创新活动的顺利开展。

加强监管、立法和培训，减少能源浪费。纽约市长迈克尔·布隆伯格已将能源效率作为市政府行政的基石。市政府通过优化监管来促进能源协调发展，为了鼓励更多人参与能源效率创新活动，政府改变了从能源公司收益中抽取利润的做法，代之于刺激降低能源需求的活动，加强对需求方的激励。一是在重点领域加强节能监管。纽约市首先加强了公共机构和政府大楼、商业和工业建筑、住宅楼、新建筑、家用电器和电子产品领域的节能监管。其次侧重于提高现有建筑物的能源效率。市政府投入年度能源收入的10%，支持建立城市建筑物的能源使用管理系统和城市运营中的节能活动，并开展日常的能源审计和建筑物节能监控，加强城市建筑物节能改造，电费和供暖费节约激励，节能灯更换等。二是加强纽约市能源和建筑能效法律法规建设。纽约市通过加强能源和建筑法规建设以支持能源效率战略和其他环境目标的实现。纽约市提出建筑规范的全面绿色化，重点在建筑方面实施城市能源效率战略，把新的可持续发展技术应用到建筑节能中去。同时，纽约市还强调建筑法与节能法、消防法等法律法规的协调，以共同致力于能源可持续发展。三是加强节能激励和峰值负荷管理。政府创建了电力期货市场，未来用户可以提前付费购买未来的用电量，这保障了供应商提前收回投资和资金回报。在峰值需求减少项目中，政府对峰值期间的需求赋予高价，以激励用户减少需求，参与者在注册后可以获得补偿。目前，纽约市注册用户使城市集体高峰负荷降低大约 500 兆瓦或 4% 的城市高峰电力需求。纽约市政府还通过安装智能电表在全市范围内推广实时电价。智能电表可以使建筑物追踪自己的能源使用，包括实时的和某个时段的个别用户的能源消费情况。预计到 2015 年纽约市有 50% 的小型企业和居民加入；城市公共事业委员会强制 100% 的中型和大型非住宅用户在 2015 年前加入实时电价项目。四是开展能源教育和节能培训运动。纽约市通过能源教育和培训运动来提高能源意识，提升能源效率。在许多情况下都存在节能的机会，但是只有在公众和建筑专业人士深刻认识到节能的必要性和紧迫性，并熟知可能的节能选择方案，他们才会理解并实践节能行为。为此纽约市能源效率管理局开展了广泛的能源教育、培训和能源质量控制项目，以提高能源效率。纽约市与学校、市场专业人士和非营利组织建立合作伙伴关系，针对不同部门的公众开展定制化的能源教育活动，比如媒体、小学生、商厦里的商业企业等。

加快发展可再生能源和新能源，扩大清洁能源供应。为了应对2015年900兆瓦新增电力需求，纽约市出台了一系列政策来开发可再生能源和新能源，包括太阳能、风能、潮汐能等。一是加快电力重组、清洁电厂建设和电网建设。二是扩大清洁分布式发电项目（Clealq DG）。分布式发电效率高于传统发电的2倍，在建筑能效改造中使用分布式发电装置，3～5年就可以收回成本，而传统的能效改造需要5～7年才能收回成本。三是积极培育可再生能源市场。纽约市通过有关政策着力培育可再生能源竞争性市场，比如为安装太阳能电池板减税，可以抵消前三年安装费用的35%、第四年和第五年安装费用的20%。

促进能源传输设施的现代化，改进城市电网的安全性。一是通过立法和政策来保护电网，促进电网现代化。市政府要求其他单位在从事街道改建等项目时，必须保护电缆，同时交通运输部门要为电力公司运输大型变压器提供便利场地和运送设施。纽约市投资支持爱迪生公司研发新的技术用于电网现代化。市政府支持爱迪生公司开展了一项面向未来的3G系统项目，主要是在电力传输中引进先进设备，促进系统的电子化和自动化，以便能够在需求波动和电网出现问题时做出快速反应并迅速找到问题所在，以有效提升电网的安全性和稳定性。二是加强天然气基础设施建设。纽约市有4条燃气运输管道，在一年中最热和最冷的季节，燃气需求就会超出这些管道的容量。随着燃气需求的增加，这一情况更加严峻。为此纽约市加强了包括管道建设和液化天然气终端建设在内的燃气传输设施建设。[①]

四 对天津滨海新区的启示

第一，制定明确的减排目标。有效的温室气体减排战略，需要清晰的目标作为前提。在这个意义上，三个城市都是共通的。东京的目标是以 2000 年为基准，在 2020 年时减少 25% 的排放量；伦敦决心到 2025 年在 1990 年的基础上减少 60% 的二氧化碳排放量；纽约计划于 2030 年，在 2005 年的排放水平上减少 30% 的温室气体。只有制定了具体的减排目标，才能让公众参与、政府为主的节能减排措施更加有效。

第二，联合不同部门的全方位减排。城市生活的不同层面，如交通、住房、供电等均与能源消耗和温室气体排放息息相关。换言之，从政府管制的角度看，应对气候变化并非任何个别部门能够独立担当的工作。东京强调以城市作为规划单位，制定全球气候变化应对战略；伦敦和纽约也制定全面战略，从提高能源效率、改善交通规划、提高建筑物设计标准、发展可再生能源等方面减少温室气体排放，正好说明决策者制定高层次全面政策，协调不同政策的重要性。

第三，应对气候变化的决心。应对气候变化的挑战是艰巨的，决策者必须有坚定的政治意愿，而三个城市对自身发展的成熟程度

① 中国低碳经济网，http：//www. lowcn. com/news/world/201006/076213. html。

有相当的自觉，不约而同地强调要带领国内其他城市甚至全世界，制定严格的温室气体减排措施和标准。东京政府坚决推行“世界最高水平的应对战略，在解决气候变化问题的方法上领先全国”；伦敦计划成为应对气候变化的科技研发和金融中心；纽约政府决心成为应对全球气候变化的先锋。

第四，应对气候变化与发展经济并行不悖。在保护环境和发展经济之间取得平衡，是可持续发展的核心理念，而伦敦和纽约的经验说明，应对气候变化的政策措施不但不会妨碍经济发展，更能带来经济效益。纽约政府估计，通过节能和增加供应清洁能源，全市的电费和暖气开支，可望在2015年前每年减少20亿~30亿美元。伦敦政府估计，节能措施可以在未来二十年替市民节省10亿英镑的能源开支。此外，伦敦决心把握发展环保技术带来的商机。由此可见，应对气候变化与发展经济并不矛盾。

参考文献

[1] 郝寿义、吴敬华、曹达宝主编《滨海新区开发开放与涉外经济》，南开大学出版社，2012。

[2]《攻坚战与排头兵——滨海新区“十大战役”与“十大改革”的实践与思考》，天津人民出版社，2012。

[3] 段霞主编《世界城市建设与发展方式转变》，中国经济出版社，2011。

[4] 方创琳、姚士谋、刘盛和等：《2010中国城市群发展报告》，科学出版社，2011。

[5] 天津市发改委：《天津建设北方经济中心指标体系研究》，2010。

[6] 胡锦涛：《中国采取4项强力措施应对气候变化》，中国新闻网，http：//china. huanqiu. com/roll/2009 - 09/585106. html，2009 - 09 - 22。

[7] 肖明：《发改委确定十二五规划八大重点，“十二五”单位GDP能耗最高降20%》，《21世纪经济报道》2009年10月9日。

[8] 北京市“十二五”规划前期课题：“提升首都北京国际化的目标重点与对策”。

[9] 张贵祥、武于非：《北京低碳经济发展的重点与对策》，《生态经济》2011 年第 3 期。

[10]《国际合作推动中国环境治理》，《瞭望新闻周刊》2000 年第 40 期。

[11] 王海燕：《北京市民履行植树义务可购买碳汇》，《北京日报》2009 年 12 月 3 日。

[12]《中国须积极构建碳金融体系》，《上海金融报》2009 年7 月 22 日。

[13] 安蓓、邹兰：《天津排放权交易所揭牌，中国能效环保交易市场加速形成》，新华网，2008－09－25。

[14] 李卫玲、张竞怡：《上海环境能源交易所、北京环境交易所同日挂牌》，人民网，2008－08－06。

[15] 张艳：《首家排放权交易所在天津挂牌》，《京华时报》2008 年 9 月 26 日。

[16] 张贵祥：《首都与跨界水源生态经济特区合作协调机制研究——以京张合作为例》，《生态经济》2010 年第 3 期。

[17] 周冰冰、李忠魁等：《北京森林资源价值》，中国林业出版社，2000。

[18] 张贵祥：《土地整理的生态效益评价研究》，北京师范大学博士后研究工作报告，2003。

[19] 松凝、煜辰：《上海世博树立“低碳”新标杆》，人民网，ht-

tp：//www.022net.com/2009/10－14/434462243112437.html。
[20] 张贵祥：《首都跨界水源地经济与生态协调发展模式与机理》，中国经济出版社，2010。
[21] 张贵祥：《城市滨海新经济带产业与生态空间布局协调研究》，《资源与产业》2010年第3期。
[22] 天津市滨海新区统计局：《天津市滨海新区统计年鉴2011》。
[23] 张贵祥：《北京绿色奥运与宜居城市建设的持续推进》，载《奥运后首都国际化进程的新趋势与新挑战》，中国经济出版社，2009。
[24] 段霞：《首都国际化进程研究报告》，中国经济出版社，2008。
[25] 张勇智：《天津滨海新区2015年建成“低碳新区”制定发展规划》，《渤海早报》2011年9月27日。
[26]《天津滨海新区新建城市绿化改造完善生态园林》，人民网，2011－12－27。
[27] 陈西艳：《天津滨海新区绿化生态建设持续推进，绿化项目开工面积达1023万平方米》，人民网，2011－08－02。
[28] 黄海京、岳付玉、孟兴：《津城共论“人民币国际化”》，天津网，2012－06－08。
[29] 郝寿义、吴敬华、曹达宝：《滨海新区开发开放与产业发展》，南开大学出版社，2012。

图书在版编目（CIP）数据

提升天津滨海新区国际化水平研究/祝尔娟等著．—北京：社会科学文献出版社，2015.2
ISBN 978-7-5097-6975-1

Ⅰ.①提… Ⅱ.①祝… Ⅲ.①经济开发区-城市发展-国际化-研究-天津市 Ⅳ.①F299.272.1

中国版本图书馆CIP数据核字（2015）第021671号

提升天津滨海新区国际化水平研究

著　　者／祝尔娟 等

出 版 人／谢寿光
项目统筹／恽　薇　高　雁
责任编辑／林　尧

出　　版／社会科学文献出版社·经济与管理出版分社（010）59367226
地址：北京市北三环中路甲29号院华龙大厦　邮编：100029
网址：www.ssap.com.cn
发　　行／市场营销中心（010）59367081　59367090
读者服务中心（010）59367028
印　　装／三河市东方印刷有限公司

规　　格／开　本：787mm×1092mm　1/16
印　张：14.5　字　数：153千字
版　　次／2015年2月第1版　2015年2月第1次印刷
书　　号／ISBN 978-7-5097-6975-1
定　　价／59.00元